흔들려야
무너지지 않는다

MURI WO SHITE IKITE KITA HITO
Copyright © 2024 by Taizo KATO
All rights reserved.
First original Japanese edition published by PHP Institute, Inc., Japan.
Korean translation rights arranged with PHP Institute, Inc.
through Eric Yang Agency, Inc.

이 책의 한국어판 저작권은 에릭양 에이전시를 통한
저작권사와의 독점계약으로 밀리언서재에 있습니다.
저작권법에 의해 한국 내에서 보호를 받는 저작물이므로 무단전재와 복제를 금합니다.

무리하며 살아온 나를 위한 흔들림의 심리학

흔들려야
무너지지
않는다

가토 다이조 지음 | 이구름 옮김

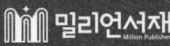 밀리언서재

한 사람이 미국 로스앤젤레스에서
가진 돈을 모두 잃어버렸다.
막막한 마음으로 거리를 걷던 그는
우연히 어느 가게에서 흘러나오는
'커피 룸바(Coffee Rumba)'라는 노래를 들었다.
순간 그는 "룸바!"라고 외치며 몸을 움직여봤다.
그러고는 이렇게 생각했다.
"뭐, 어쩔 수 없지!"
그는 돈을 잃었지만,
목숨은 부지했다는 사실에 집중했다.
중요한 것은 돈이 아니라
자기 삶을 놓지 않는 태도다.

"꽃에 물을 줄 때, 나는 행복해진다."
"새소리를 들을 때, 나는 행복해진다."
"밥을 먹을 때, 나는 행복해진다."
"혼자 하늘을 올려다볼 때도, 나는 행복해진다."
이렇게 작은 순간에도 행복을 말해본다.
오늘 하루를 살아냈다면 앞으로 열흘도 살아낼 수 있다.
오늘 하루가 이렇게 괴로운 와중에도 살아냈다면
당신은 이미 살아낼 수 있는 사람이다.
그러니 지금 당신이 살아 있다는 것,
그 사실을 마음에 새겨야 한다.

• 목차

1장

무리하며 애써온 나와의 결별

- 지금의 고통은 과거의 상처가 문을 두드린 것 … 015
- 행복이 무엇이냐는 물음에 답할 수 있는가? … 018
- 내가 무엇을 원하는지 알고 있는가? … 019
- 괴로움을 겪어본 사람만이 행복을 찾을 줄 안다 … 021
- '괜찮다'는 말이 쌓이면, 어느 순간 감정은 폭탄이 된다 … 023
- 상대의 말이 무의식의 감정을 건드릴 때 상처받는다 … 025
- 현재 느끼는 감정은 과거의 기억이 반응한 것이다 … 026
- 오늘 화가 난 이유는 어제 울지 못했기 때문이다 … 028
- 불쾌한 감정이 마음의 면역력을 결정한다 … 031
- 감정은 내 마음이 내 몸에 보내는 신호다 … 033
- 삶이 예측 가능할 때 자신감이 생긴다 … 035
- 무의식에 쌓인 감정이 지금의 나를 흔든다 … 037
- 익숙한 세상에서는 자신의 가능성을 발견할 수 없다 … 040

- 오늘 미룬 사소한 일이 훗날 인생을 망칠 수 있다 ··· 043
- 문제는 마당의 잡초처럼 방치할수록 더 커진다 ··· 046
- 회피는 반복을 부르고 해결은 기회를 만든다 ··· 047
- 해야만 하는 일을 멈추면 삶이 새롭게 보인다 ··· 049
- 불합리한 신념은 마음의 감옥을 만든다 ··· 053
- 넘어졌을 때는 우선 일어나서 원인을 생각하라 ··· 055
- 인생은 기본적으로 불공평하다는 것을 받아들여라 ··· 059

2장

잊혀져가는
나를 소환하다

- 감정의 스위치, 편도체에 새겨진 기억 ··· 069
- 나의 가치를 믿으면 사소한 말에 휘청이지 않는다 ··· 071
- 무리하게 애쓰지 않아도 사랑받을 가치가 있다 ··· 072
- 어떤 역할에 갇혀버리면 진짜 나는 사라진다 ··· 074
- 마음의 흔들림은 억눌린 감정이 모습을 드러내는 신호 ··· 076
- '너를 위해서'는 '너를 지배한다'는 의미 ··· 079

- 내가 정말 원하는 게 무엇인지 모를 때 가장 불안하다 ··· 081
- 마음이 흔들리면 '사람을 알아보는 눈'이 흐려진다 ··· 085
- 두려움에 익숙해지면 습관이 된다 ··· 087
- 습관처럼 떠오르는 감정이 내 인생을 지배한다 ··· 088
- 미움받지 않으려 할수록 나는 점점 사라진다 ··· 091
- 실패를 인정하는 순간 다시 일어설 힘이 생긴다 ··· 092
- "왜?"라고 물어볼 수 있는 사람이 주위에 없다는 것 ··· 094
- 나만의 살아가는 방식이 없을 때 마음이 흔들린다 ··· 096
- 살아온 인생은 편도체에 새겨진다 ··· 099
- 화를 내고 있지만 사실 떨고 있는 것 ··· 101
- 시간이 지나면 실패도 추억이 된다 ··· 102
- 내가 '나'이기를 바라는 사람들이 곁에 없을 때 ··· 104
- 착한 아이는 무기력한 어른이 된다 ··· 107
- 그때 참지 않았다면 지금 힘들지 않았을 것이다 ··· 109

3장

흔들리는 마음에
응답하라

- 버텨온 나에게 필요한 건 성공이 아닌 회복 ··· 117
- 마음이 살아 있다는 신호 ··· 120
- 나약해서가 아니라 버텨왔기 때문 ··· 123
- 실패보다 무서운 건 실패할지 모른다는 공포 ··· 126
- 언제 터질지 모르는 감정의 지뢰밭 ··· 129
- 일상에서 당연한 것들을 잃었을 때 ··· 131
- 흔들리는 나를 붙잡아줄 무언가 ··· 132
- 조금 떨어져야 기다려줄 여유가 생긴다 ··· 135
- 일생을 지배하는 '불안정 애착' ··· 138
- 사랑받고 싶어서 사랑할 수 없게 된 사람 ··· 140
- 단념, 절망으로부터 나를 지켜주는 것 ··· 142
- 내가 어떤 사람인지 모를 때 ··· 145
- 상대의 기분은 내가 책임질 일이 아니다 ··· 146
- 좋은 사람을 구별할 줄 아는 힘 ··· 149

- 왜 미워하면서도 떠나지 못할까? ··· 152
- 사랑을 확인하는 것은 집착이다 ··· 156
- 반응을 얻지 못하면 마음이 무너진다 ··· 158
- 기대와 현실의 차이에서 받는 상처 ··· 160
- 마음의 상처가 오래가는 이유 ··· 161
- 자기 의지로 자기 인생을 선택할 기회 ··· 163

4장

흔들리면서 다시 돌아오는 마음 설계도

- 미래가 두려운 건 미지의 자신이다 ··· 169
- 무리하며 애써온 결과가 불행이라면 ··· 171
- 불행 속에서 최고의 나를 마주할 수 있다 ··· 172
- 두려움의 90%는 아직 일어나지 않은 일 ··· 174
- 불평으로는 상대의 마음을 움직일 수 없다 ··· 177
- 고민을 현미경으로 들여다보지 마라 ··· 179
- 한 걸음에 10cm를 가더라도 멈추지 않는 것이 중요 ··· 181

- 열등감은 자기 멋대로 붙인 꼬리표 ··· 184
- '지금 이 모습 그대로 괜찮아'의 반전 ··· 187
- 어울리는 사람을 바꾸는 것만으로 인생이 달라진다 ··· 190
- 열등감이 살아가는 에너지를 줄 때 ··· 192
- 타인의 고통을 이해하면 내 고통이 덜어진다 ··· 196
- 타인의 눈으로, 타인의 귀로, 타인의 마음으로 ··· 198
- 막다른 길에서는 그 너머를 상상하라 ··· 200
- 다르게 봐야 비로소 보이는 것들 ··· 203
- 줄수록 힘들어지는 마음 청구서 ··· 206
- 불행은 선택이고 실패는 하나의 경험이다 ··· 208
- 다른 누구도 아닌, 단지 '네가 너라서' ··· 210
- 우울이 스며들 틈 없는 현실 ··· 212
- '죽고 싶다'는 말은 살려달라는 신호 ··· 214
- 행복하다고 말하는 순간 절반은 행복해진다 ··· 217
- 큰 행복은 주어지지만 작은 행복은 선택하기 나름이다 ··· 219
- 나에게 주어진 것들로 살아가는 힘 ··· 221
- 출발선도, 속도도 저마다 다르다 ··· 224
- 과거를 향한 시선에는 어떤 미래도 보이지 않는다 ··· 226
- 흔들리지 않고 살아가는 사람은 없다 ··· 228
- 행복은 인생이 숨 고르는 순간 찾아온다 ··· 230
- 살아 있기에 흔들리는 것 ··· 231

맺음말 ··· 233
주 ··· 236

억눌린 감정, 미뤄둔 문제,
무의식에 쌓인 기억들은
삶을 흔들고 자신감을 앗아간다.
하지만 그 감정을 직면하고,
익숙함을 벗어나 진짜 나를 마주할 때
비로소 앞으로 나아갈 수 있다.

1장

무리하며 애써온 나와의 결별

지금의 고통은
과거의 상처가 문을 두드린 것

 지금 내가 느끼는 불쾌한 감정은 단지 현재의 상황 때문이 아니라, 과거의 불쾌했던 경험이 무의식 속에서 재생되고 있기 때문이다.

 현재의 괴로움은 실제로는 과거의 특정한 사건에 대해 내가 어떤 방식으로 반응했고, 그 감정을 어떻게 처리했는가에 달려 있다. 괴로움의 핵심은 지금 눈앞에 있는 상대가 아니라 과거의 경험에 있다는 말이다.

 어릴 적 어떤 사람에게 분노를 느꼈는데 그 사람이 무서워 자신의 분노를 표출하지 못하고 무의식의 세계로 깊숙이 억눌러버린 경우가 있다. 이런 억압된 감정은 완전히 사라지지 않고 남아 있다가 현재 눈앞에 벌어진 사건을 계기로 표출되는데, 그것이 지금 느끼는 괴로움이다.

보통은 지금 눈앞에 일어난 사건이 자신을 힘들게 한다고 믿는다. 그러나 같은 일을 겪어도 사람마다 느끼는 감정과 괴로움의 정도는 다르다. 이것은 괴로움이 외부 사건 자체보다 그것을 해석하고 받아들이는 내부의 심리적 구조와 관련이 있다는 증거다.

지금 느끼는 괴로움은 과거에 심리적으로 해결하지 못한 문제가 다른 모습으로 나타난 것에 지나지 않는다. 정신분석에서는 이를 전이(transference)라고 부른다. 과거의 감정을 현재의 관계나 상황에 덧입히는 것이다.

이처럼 괴로움은 단순히 외부 자극을 없앤다고 해서 사라지지 않는다. 사람의 행동 패턴이 쉽게 바뀌지 않는 이유도 감정의 뿌리가 현재가 아니라 과거의 해결되지 못한 문제에 있기 때문이다.

이럴 때는 '지금 내가 왜 이렇게 불쾌한 걸까?' 하고 마음속으로 질문을 던져본다. 다른 사람 때문에 불쾌하다고 느끼면 우선은 마음이 편할지도 모른다. 무의식에 잠들어 있는 과거의 감정을 끄집어내서 마주하면 더욱 괴로울 것이다.

하지만 바로 그 괴로움이야말로 불쾌한 감정에서 벗어나는 길이다. 억눌러온 감정을 인정하고 마주해야 나중에 비슷한 상황에 맞닥뜨렸을 때 더 이상 괴로움을 느끼지 않는다. 과거에 얽매이지 않고 자유로워지기 때문이다.

예를 들어 좋아하는 여성에게 차인 남자가 '저런 여자는 원래 그래'라고 상대 여성의 탓으로 돌리면 당장은 편할 수 있다. 하지만 '왜 그녀에게 차였을까?'를 생각하는 사람이야말로 심리적인 문제를 해결하며 사는 사람이다. 감정을 억누르거나 회피하는 것이 아니라 자기반성을 통해 현실을 마주하고 성장하는 길로 나아갈 수 있다.

심리적 과제를 해결한다는 것은 현실을 직시하고 자신을 바꾸는 일이다. 실연이나 실직과 같은 눈앞의 고난보다 과거에 표출하지 못하고 억눌렀던 감정이 심리적으로 더 큰 영향을 미친다.

괴로움의 늪에 빠져 옴짝달싹 못 하는 사람은 과거에 심리적으로 해결하지 못한 문제를 떠안은 채 지금까지 살아왔기 때문이다. 그러한 문제가 있었다는 사실조차 깨닫지 못한 채 말이다.

마치 과거의 계산서를 아직 치르지 못한 것과 같다. 심리적으로 해결하지 못한 과거의 문제가 현재 일어난 사건으로 인해 밖으로 드러난 것이다.

우리는 그 감정이 다시 작동하는 순간 그것을 해석하고 다르게 반응할 수 있어야 한다. 바로 그 지점에서 진정한 변화가 시작된다.

행복이 무엇이냐는 물음에 답할 수 있는가?

재미없고 지루하다고 느껴지는 이유는 뚜렷한 목적이 없기 때문이다. 흔히 이럴 때 자기도 모르게 불행한 길을 선택하게 된다. 인간은 살아가는 의미와 목적을 찾지 못할 때 괴로움에 빠진다.

흔히 머리로는 행복이 무엇인지 안다고 생각한다. 하지만 행복이 무엇이냐고 물어보면 멈칫하고 만다. 그리 깊이 생각해보지 않았기 때문이다.

힘들거나 괴로울 때 '행복하게 살고 싶어', '편하게 살고 싶어', '이 고민만 사라지면 더 이상 아무것도 필요 없어'라고 한탄하면서도 시간을 덧없이 흘려보낸다.

나는 지금 왜 이렇게 힘든 걸까? 그 이유를 깊이 들여다보아야 한다. 겉으로 드러난 문제만 탓하거나 스쳐 지나가듯 넘기면 고민과 괴로움은 반복될 뿐이다. 진짜 원인을 제대로 찾아야 비로소 나 자신도, 내 삶도 조금씩 바뀔 수 있다.

우리는 때때로 기쁨이나 슬픔조차 자신의 진짜 감정이 아닐 수 있다는 사실을 잊는다. 무엇을 느끼는지도 모른 채, 색도, 냄새도, 소리도 없는 무미건조한 세상 속에서 그저 익숙한 것들에 둘러싸여 있을 뿐이다.

내가 나를 제대로 들여다볼 때 비로소 무엇 때문에 괴로운지, 무엇이 필요한지 알 수 있다. 힘듦을 무작정 견디기만 하지 말고 그 안에 숨은 신호를 읽어야 한다. 그것이 자기 자신과 진짜 삶을 다시 연결하는 가장 깊고 단단한 첫걸음이다.

내가 무엇을 원하는지 알고 있는가?

사소한 일에도 쉽게 괴로워하는 사람들은 '이것도 갖고 싶고 저것도 놓치기 싫어', '더 많이 가져야 해'라는 마음에 시달린다.

그런데 그 괴로움이 자기 마음을 스스로 선택하지 않고 남의 기준에 끌려다닌 결과라는 것을 알지 못한다. 자신이 진정으로 원하는 것이 무엇인지 진지하게 고민하지 않고 그저 되는 대로 살아온 결과다.

근본적인 문제를 해결하지 못한 사람은 아무리 노력해도 '이것도 갖고 싶고 저것도 갖고 싶어', '더, 더 많이 갖고 싶어'라며 욕심을 부리게 된다. 자신이 진정으로 원하는 것이 무엇인지 모르기 때문에 더 많은 걸 원하는 것이다. 그러고는 심리적 괴로움에 빠져 허우적거린다.

그 순간에는 그냥 다른 사람의 뜻을 따르는 게 가장 편하다. 하지만 그것이 내 마음에 작은 빚을 지는 일이라는 것을 알지 못한다. 사람은 누구나 성장하고 싶은 마음도 있지만(성장 욕구), 그냥 도망치고 싶은 마음(퇴행 욕구)도 있다.

도망치는 쪽을 택하면 순간은 마음이 편할지 몰라도 나중에는 후회하게 된다. 하지만 그때는 그것을 잘 모른다.

부모는 아이에게 게으름만 피우다간 실패자가 된다며 아이를 협박한다. 부모는 아이에게 게으름을 피우면 큰일이 벌어진다는 불안을 심어준다. 그러다 보면 있는 그대로의 자신은 누구에게도 인정받지 못한다. 아이는 있는 그대로의 모습으로 살아가는 것은 무서운 일이라는 정보를 습득한다.

아이는 부모에게 받은 정보로 인해 어른이 된 후에 얻은 정보를 왜곡해서 받아들인다. 그러면 자신의 개성과 능력을 인정받으며 성장하기 힘들다.

●

괴로움을 겪어본 사람만이
행복을 찾을 줄 안다

나는 어린 시절 항상 공포에 떨며 지냈다. 아버지는 지붕 위에 서 있는 나에게 뛰어내리라고 소리쳤다. 나는 밑을 내려다보면서 무서워 덜덜 떨었다.

아버지는 나를 올려다보며 "겁쟁이 자식!"이라고 소리치며 크게 웃었다. 나는 그날의 공포를 생생하게 기억한다. 아버지는 덧붙여 말했다.

"앞으로 다들 이 녀석을 겁쟁이라고 불러!"

또 어느 날은 어두운 계단을 혼자 살금살금 올라가고 있는데 갑자기 "와!" 하고 엄청나게 큰 소리가 났다. 나는 순간 놀라서 움찔했다. 그때 "이 녀석 진짜 겁쟁이에 형편없는 놈이네"라는 아버지의 큰 목소리가 들렸다.

1년 365일 아침부터 밤까지 "겁쟁이에 형편없는 녀석"이라는 파괴적인 메시지를 계속 들어야만 했다.

나는 그야말로 '기억 속에 얼어붙은 공포'(3장 참고)와 함께 어린 시절을 보냈다.

어린 시절에 나는 잘못 생각하고 있었다. 내 앞에 있는 낮은 산보다 저 멀리 있는 높은 산을 올라가야 자신감이 생길 거라고 믿었다.

그래서 자신감을 얻으려면 힘든 일을 먼저 겪어야 한다고 믿었다. 그러다 보니 자연스러운 감정이 가로막혀 버렸다. 행복해지지 못한 책임을 떠넘길 희생양이 필요했다.

사실은 앞에 있는 낮은 산을 올랐을 때의 성취감이 자신감의 씨앗이 된다. 기다림 속에서 행복을 찾는 기쁨을 얻게 된다.

행복은 괴로움에서 찾을 수 있다.

멈춰버린 괴로움.

결단을 내리지 못해 앞으로 나아가지 못하는 괴로움.

너무 앞서가다 상처받은 괴로움.

너무 애쓰다 좌절한 괴로움.

이런 괴로움을 극복하면서 깊이 고민한 사람일수록 앞으로 살아갈 더 큰 힘을 얻게 된다.

상처받았을 때 다르게 반응하는 방법은 없을까, 하고 멈춰 서서 과거를 되돌아보는 습관을 들이면 구원받을 수 있다. 내가 왜 그런 반응을 했는지 차분히 들여다보는 작은 성찰이 더 이상 같은 상처에 무너지지 않게 해준다.

●

'괜찮다'는 말이 쌓이면, 어느 순간 감정은 폭탄이 된다

이유는 모르겠지만 어떤 사람 때문에 짜증이 난다면 어쩌면 내가 하고 싶었지만 하지 못했던 일을 그 사람이 해내고 있는지도 모른다. 어릴 때 자기도 모르게 마음속에 가둬두어야만 했던 자신의 욕망을 실현한 타인을 볼 때 무의식적으로 불편함을 느끼게 되는 것이다.

자신을 바꾸려면 '설마' 하는 생각을 의심해봐야 한다. 그것이 자아실현에 이르는 길이다.

이유 없이 어떤 사람에게 강한 분노를 느낀다든가, 이유 없이 짜증이 난다든가 할 때는 자신 안에 비슷한 욕망이 억눌려 있을 가능성이 있다.

이처럼 억눌린 욕망은 짜증이나 분노 같은 감정으로 튀어나오는데, 사실은 스스로 그 감정을 만들어내고 있다는 사실을 자각하지 못한다.

억압된 감정이 무서운 이유는 감당할 수 있는 시기에 건강하게 표출되지 못하면 나중에 더 강하게 되돌아온다는 것이다. 어릴 때 홍역이나 볼거리에 걸리면 가볍게 지나가는 이치와 비슷하다. 하지만 어른이 되어서 걸리면 훨씬 강하고 위험할 수 있다.

어린 시절에 욕구가 충족되었다면 큰 문제가 되지 않겠지만 충족되지 않았다면 더 절실히 원하게 된다. 어른이 되어 도무지 감당할 수 없는 이유는 바로 이 때문이다.

본인도 자기감정을 다스리지 못해 괴롭고 주변 사람들도 다가가기 어렵다. 무엇을 해줘도 만족하지 못하고, 부탁을 들어줘도 불만이고 들어주지 않아도 불만인 상태가 반복된다. 왜냐하면 마음속의 욕망들이 서로 충돌하기 때문이다.

하나의 욕구를 채우면 또 다른 욕구가 상처받는다. 그 결과 누구도 그를 만족시킬 수 없다. 충족되지 못한 욕망은 자라면서 점점 더 집요해지고, 어떤 방식으로도 완전히 채워지지 않는다.

상대의 말이 무의식의 감정을
건드릴 때 상처받는다

　인간관계의 걸림돌이 되는 것 중에 하나가 가치관의 차이다. 한쪽은 대단한 일을 해냈다며 만족스러워하고 칭찬받고 싶어 한다. 그런데 다른 한쪽은 그것을 전혀 중요하게 여기지 않는다.
　서로 가치관이 다르다는 사실을 터놓고 이야기하면 문제되지 않는다. 하지만 불쾌한 감정을 참고 드러내지 않으면 마음의 골은 더욱 깊어진다.
　타인이 자신의 욕구를 방해하면 누구나 불쾌감을 느낀다. 따라서 누군가에게 기대고 싶고 책임지고 싶어 하지 않는 마음이 강한 사람은 작은 일에도 기분이 상하고 마음이 불편하다.
　상대방의 사소한 말 한마디에 마음이 흔들리고 화가 치밀어 오른다. 주변의 사소한 자극 하나에도 감정이 휘둘리는 것은 외부 환경에 지나치게 의존하기 때문이다.
　과도한 의존성이란 외부 자극에 따라 감정이 쉽게 휘둘리는 심리 상태를 말한다. 타인의 질문이 불쾌하고 타인의 관심이 성가시면서도 관심을 보이지 않으면 그 또한 마음에 들지 않는다. 결국 '따뜻한 무관심'이라는 모순된 표현이 생겨난다.

이런 사람들은 어린 시절에 가까운 사람들과의 관계에서 공포감과 불쾌감을 경험했다면 어른이 되어 다시 그때의 불쾌한 감정을 떠올리게 된다.

똑같은 말을 들어도 상처받지 않는 사람도 있다. 어떤 말을 듣고 상처받았다고 해서 그 말 자체가 상처를 준 것은 아니다.

●

현재 느끼는 감정은
과거의 기억이 반응한 것이다

센 척하거나 반항적인 행동을 자주 하는 사람은 대개 심리적으로 해결하지 못한 문제를 안고 있다. 불안한 사람도 마찬가지다.

해결하지 못한 문제가 다른 모습으로 나타나는 것이다. 사업에 실패하면 그 괴로움에서 벗어나지 못하고 계속 끙끙 앓는 것도 같은 맥락이다.

이러한 사실을 받아들이지 못하면 평생 허무감에 시달리고 그 고통과 고민으로 인해 성장하지 못한다. 현재 느끼는 고민의 심각함은 과거에 심리적으로 해결하지 못한 문제의 심각함과 비례한다.

기억에는 감정적 기억과 지적 기억이 있다. 지적 기억은 지식이나 정보를 저장한 것이고, 감정적 기억은 느낌이나 기분으로 저장된 것이다. 과거의 감정을 그대로 간직하고 있어, 비슷한 상황이 오면 의식보다 감정이 먼저 반응한다.

신경증에 걸린 사람은 어떤 일이 생기면 금방 기분이 상하고, 작은 말에도 쉽게 상처받고 짜증을 내거나 의기소침해진다. 하지만 정작 그런 자신의 반응을 바꿔보려는 노력은 하지 않는다.

실수를 했을 때 "그래, 나도 그럴 수 있지" 하고 받아들이지 못하는 것은 마음속에 아직 해결되지 않은 문제가 있기 때문이다.

이처럼 내면에 쌓인 심리적인 과제는, 그 사람이 이후에 겪는 사건들을 어떻게 해석할지에 큰 영향을 미친다. 실제로는 지금 일어난 일에 반응하는 것이 아니라, 과거에 해결하지 못한 상처가 그 사건에 반응하는 것이다.

그래서 신경이 예민한 사람일수록 지금을 살지 못하고 과거의 감정에 묶인 채 살아간다.

예를 들어 누군가에게 푸대접을 받았을 때 왜 그렇게까지 마음이 상할까? 그건 지금의 상황이 예전 기억을 자극했기 때문이다. 예전 회사에서 열심히 일했는데 정당한 대우를 받지 못했던 경험과 그때의 상처가 되살아난 것이다.

작은 일에 민감하게 반응한다면, 그건 예전에 겪은 감정이 마음속에서 재생되고 있다는 뜻이다.

그 감정은 자기도 모르게 반복해서 학습된다. 그래서 과거에 어떤 인간관계를 맺었는지가 지금의 감정에 영향을 주는 것이다. 그리고 그런 관계를 다시 끌어당긴 건 결국 자신의 무의식적인 선택이다.

●

오늘 화가 난 이유는
어제 울지 못했기 때문이다

미국의 정신과 의사 해리 스택 설리번이 소개한 '병렬(parataxis)' 개념은, 사람들이 현재 맺고 있는 인간관계에 자신도 모르게 과거의 감정을 끌어와 투사하는 왜곡된 반응을 뜻한다.[1]

예를 들어 현재 만나고 있는 누군가와 갈등이 생겼을 때, 그 문제가 정말 그 사람 때문에 생긴 게 아니라 사실은 어릴 적 부모나 중요한 사람과의 관계에서 해결하지 못한 감정이 작용한 결과일 수 있다는 뜻이다.

이런 현상을 병렬 왜곡이라고 부른다. 지금 겉으로 드러난 갈등이나 감정 문제 이면에는 과거에 제대로 마주하지 못했던 근본적인 심리적 과제가 숨어 있으며, 그 과제가 지금의 상황을 해석하고 반응하는 방식에 큰 영향을 미친다는 의미다.

병렬 왜곡은 서로의 관계가 원활하지 않을 때 많이 일어난다.

예를 들어 일요일에 아이가 엄마와 장난감을 사러 가기로 했다. 그런데 그날 갑자기 친척 아주머니가 와서 장난감을 사러 나갈 수 없게 됐다. 아이는 어쩔 수 없다고 생각하면서도 기분이 나쁘다.

엄마도 신경 쓰였던 터라 다음 날 아이가 좋아하는 햄버그스테이크를 만들어줬다. 하지만 아이는 기뻐하지 않는다. 그러면 이번에는 엄마가 기분이 나빠진다.

엄마는 아이에게 "햄버그스테이크 좋아하잖아?"라고 말한다. 아이는 "좋아해요"라고 대답하면서도 표정은 뽀로통하다.

아이의 '좋아한다'는 언어적 메시지보다 뽀로통한 표정의 비언어적 메시지에 진짜 감정이 담겨 있다. 이걸 느낀 엄마도 기분이 상해서 "말투가 왜 그래?"라며 화를 낸다.

엄마와 아이는 햄버그스테이크 이야기를 하며 다투고 있지만 진짜 원인은 전날 깨진 약속 때문이다. 이것이 병렬 왜곡이다.

엄마와 아이의 관계는 이미 어긋나 있었던 것이다. 둘 사이에 문제가 없었다면 어땠을까?

엄마는 아이에게 "햄버그스테이크 맛없니?"라고 물었는데 아이가 뾰로통해 있으면 '학교에서 무슨 일이 있었나? 몸이 안 좋은가?'라고 생각할 것이다.

이보다 앞서 엄마가 약속을 지키지 못했다면 친척 아주머니가 돌아가고 나서 "오늘 약속 못 지켜서 미안해"라고 말했어야 한다.

이런 한마디 말이 불필요한 갈등을 막아주고 사람과 사람 사이에 진정한 교감을 나누게 해준다. 아이는 엄마가 마음을 써준 걸로 충분하다.

병렬 왜곡은 어른들의 관계에서도 자주 일어난다. 갈등의 근본 원인은 각자가 자아실현을 이루지 못했기 때문이다. 그렇기에 왠지 모르게 하루하루 사는 게 재미없고 사소한 일에도 쉽게 불쾌해진다.

어떤 문제든 해결하려면 그 문제의 핵심이 무엇인지 파악해야 한다. 단편적으로 생각하기 때문에 실패하는 것이다. 이어진 선(線)으로 흐름을 파악하고 면(面)의 관점에서 바라봐야 한다.

병렬 왜곡은 배려와 신뢰가 부족할 때 일어난다. 문제가 발생했을 때는 '이 문제의 본질은 무엇인가?'를 생각해야 한다. 일어난 사건은 본질이 아니다. 그것은 현상일 뿐이다. 현상과 본질은 다르다.

●

불쾌한 감정이
마음의 면역력을 결정한다

벤저민 슈워츠 교수가 1973년 하버드대학교에서 몸과 마음의 관련성을 처음으로 강의했을 때는 이러한 문제에 관한 자료가 없어서 어려움을 겪었다고 한다.

이런 종류의 강의가 처음 열렸기에 학생들의 관심과 기대가 높았다. 그런데 슈워츠 교수는 화요일에 있을 강의를 준비하는데 수요일 아침부터 위가 타들어갈 듯이 아팠다고 한다. 이러한 위통이 다시 걱정을 증폭시켰다.

그는 여러 종류의 신경안정제를 먹기 시작했는데 약은 일시적인 안정만 가져다줄 뿐이었다. 악순환이 이어지면서 약 복용량은 점점 늘어갔다.

그는 정보가 효과적으로 전달되면 인간의 신체기관은 제대로 기능한다고 믿었다. 지금 하는 일이 너무 힘들다는 정보가 위에서 전달된다면, 이 정보를 무시할 것인가 아니면 주의를 기울일 것인가.

슈워츠 교수는 이러한 감정에 주의를 기울이고 표현하면 마음과 몸의 균형이 회복된다고 했다.[2] 그는 위통을 비롯한 다양한 증상과 감정을 우리가 주의를 기울여야 할 피드백으로 받아들이기 시작했다.[3]

이렇게 하면 스트레스를 조절할 수 있다. 하지만 현실에서는 애정 결핍이 심할 경우 이를 실천하기 쉽지 않다. 인정받고 싶다는 마음이 강하면 강할수록 더욱 실행하기 어렵다.

불쾌한 감정을 느꼈을 때, 그 감정에 주의를 기울이고, 이를 통해 자신이 어떤 사람인지 알아가는 실마리로 삼는 것은 어려운 일이다. 상대방의 태도나 말 때문에 불쾌하다고 생각하기 때문이다. 이때 상대방에 대한 분노를 느끼고 상대방을 비난하고 싶은 감정이 올라온다.

불쾌한 감정에 주의를 기울인다 해도 그것을 자신의 정서적 미성숙과 연결 짓기는 어렵다. '아, 난 왜 이렇게 칭찬받고 싶어 하지? 아직 심리적으로 성숙하지 못했나 봐'라고 생각하기는 쉽지 않다. 하지만 그렇게 할 수 있느냐 없느냐가 그 사람의 면역력을 결정짓는다.

감정은 내 마음이 내 몸에 보내는 신호다

벤저민 슈워츠 교수의 연구에 따르면, "감정은 단순한 기분이 아니라 내가 지금 어떤 상태에 있는지를 알려주는 중요한 피드백 정보"다.[4]

이 감정 신호를 올바르게 인식하고 반응할 수 있다면, 스트레스를 효과적으로 조절하고 삶의 회복력을 높일 수 있다.

슈워츠 교수는 이를 'ACE 치유력'이라고 불렀다. ACE는 3가지 단계를 의미한다. 첫째, 감정에 주의를 기울여서 지금 어떤 감정을 느끼는지 알아차리고(attend), 그 감정을 부정하거나 무시하지 않고 의식적으로 받아들이며(connect), 말, 글, 행동 등으로 감정을 적절하게 표현하는(express) 것이다.

3단계를 통해 우리는 감정을 억누르거나 회피하지 않고, 자신의 내면과 더 건강하게 연결하며, 스트레스 상황에 유연하게 대처할 수 있다.

그 반대가 억압적인 대응이다. 스트레스를 느끼면서도 이를 계속 억누르면 결국 그 감정을 인식하지 못하게 되고 필요한 경고 신호조차 나타나지 않는다.

스트레스에 강하다는 개념에 대한 설명은 여러 가지가 있다.

뉴욕시립대학교의 심리학 교수 수잔 코바사는 심리적으로 스트레스에 어떻게 대처하는가를 수치로 평가하고, 이를 강인함이라는 개념으로 설명했다.

극심한 스트레스 상황을 극복할 수 있는 사람이 있는가 하면 그렇지 못한 사람도 있다. 스트레스를 견뎌내는 힘의 차이가 강인함의 차이다.

여러 아이를 거뜬히 키우는 어머니가 있는가 하면 아이 하나를 키우는데도 신경증에 걸리는 어머니가 있다. 강인한 성격을 지닌 사람은 스트레스 상황을 더 쉽게 극복한다.

삶이 예측 가능할 때
자신감이 생긴다

　강인한 성격과 마찬가지로 스트레스를 완화하는 역할을 하는 일관성 감각(SOC, sense of coherence)이라는 개념이 있다. 이것이 이 책에서 다루는 핵심 주제다.

　일관성 감각(SOC)이란 "삶이 예측 가능하고, 이해할 수 있고, 감당할 수 있으며, 의미가 있다"고 느끼는 마음의 힘을 말한다. 즉, 세상과 인생을 혼란스럽지 않고 일관성 있게 느끼는 감각이다.

　아론 안토노브스키 박사는 SOC를 3가지 핵심 요소로 설명한다.

　첫째, 지금 무슨 일이 일어나고 있는지 이해할 수 있다는 것(comprehensibility)은 세상이 혼란스러운 게 아니라 어느 정도 예측 가능하다고 느끼는 힘이다.

　둘째, 이 상황을 감당할 자원이나 능력을 가지고 있다는 것(manageability)은 자신이나 주변 환경이 위기를 이겨낼 수 있다고 믿는 마음이다.

　셋째, 이 상황이 내게 의미가 있고 노력할 가치가 있다는 것

(meaningfulness)은 고통 속에도 삶의 목적과 가치를 발견할 수 있다고 느끼는 감정이다.

안토노브스키는 3가지 구성 요소를 바탕으로 강인한 자아, 문화적 안정, 사회적 지지[5]가 스트레스를 완화하는 데 도움이 된다고 한다.

강인한 자아를 가진 사람은 자신이 이 상황을 충분히 통제할 수 있다고 믿는다. 그리고 불확실하기보다 예측 가능한 문화에서는 상황을 쉽게 받아들이는 분위기가 형성되어 있다. 사회적 지지가 탄탄할수록 내가 혼자가 아니라는 믿음이 강해진다.

SOC가 높은 사람은 스트레스를 받는 상황에서도 "이걸 어떻게 이해할 수 있을까?", "내가 뭘 할 수 있을까?", "이 경험이 내게 어떤 의미일까?"를 생각하면서 심리적 건강을 유지한다.

똑같이 어려운 상황에 놓여 있어도 한 사람은 "왜 이런 일이 나한테 일어나지?"라고 느낀다면, 다른 사람은 "이건 내 인생에서 어떤 의미가 있을까? 어떻게 이겨낼 수 있을까?"를 먼저 생각한다. 후자가 바로 일관성 감각이 높은 사람이다.

정서적 연결감이라고 할 수 있는 일관성 감각을 지닌 사람은 스트레스를 견뎌내는 힘이 있다. 자아가 강한 사람은 스트레스에 더 적절히 대응할 수 있다. 그리고 이러한 것들이 신체 건강에도 도움을 준다.

인생은 실패와 불만으로 가득 차 있다. 그렇지만 일관성 감각이 강한 사람은 자신감 있게 스트레스에 대응하며 살아간다. 반면 일관성 감각이 약한 사람은 어려움에 잘 대응하지 못한다.[6]

무의식에 쌓인 감정이
지금의 나를 흔든다

젊을 때는 무의식적으로 누군가를 싫어하면서도 겉으로는 '좋아하는 친구야'라고 착각할 때가 있다. 겉으로 보기엔 두루두루 잘 어울리는 것 같지만, 속으로는 누구와도 깊은 감정 교류를 하지 못하고 외로움을 느낀다.

그래서 신경이 예민하고 감정에 민감한 사람일수록 속마음은 자꾸 자신을 깎아내리면서도(자기 비하), 겉으로는 나름 괜찮은 사람처럼 보이고 싶어 한다(자기 미화). 그 2가지가 모순되어도 스스로는 잘 알아차리지 못하는 경우가 많다.

심리적 과제를 해결하려면 현실을 정면으로 마주 봐야 한다. 순간순간의 심리적 과제를 해결하며 살아온 사람과 문제를 떠안은 채 살아온 사람은 나이가 들어 똑같은 경험을 해도 전혀 다른 해석을 하며 다르게 느낀다.

미국의 정신과 의사 에런 벡에 의하면 '우울증인 사람과 그렇지 않은 사람'은 같은 경험을 해도 그에 대한 해석이 다르다고 한다.

우울증에 걸린 사람은 과거의 계산서를 아직 치르지 않았다. 지금 하는 고민은 현재 벌어진 사건으로 인한 것이 아니다.

예를 들어 사업에 실패하는 사람은 수없이 많다. 일견 사업 실패 자체로 극단적 선택을 한 것처럼 보일 수는 있지만 사실 대부분은 그렇지 않다. 과거에 해결하지 못한 심리적 문제가 지금의 사업 실패를 통해 극단적인 방식으로 나타난 것이다.

그것을 깨닫지 못하면 죽을 때까지 계속해서 의미 없이 괴로워하고 고민하게 된다.

사람은 고민과 괴로움의 원인을 바르게 이해해야 성장할 수 있다. 현재 하고 있는 고민의 심각성은 과거에 심리적으로 해결하지 못한 문제의 심각성과 비례한다.

스트레스로 인해 몸에 이상이 생기는 사람이 있는가 하면 같은 일을 겪어도 아무렇지 않은 사람도 있다. 몸에 이상이 생긴 사람은 무의식 속에 쌓인 분노가 현재 일어난 사건에 반응한 것이다.

사람은 누구나 마음속에 심리적인 과제를 안고 살아간다. 그리고 그 과제는 이후의 경험과 관계 형성에도 영향을 미친다. 기업에 비유하자면 이월된 누적 적자처럼 과거의 감정이 현재까지 영향을 미치는 것이다.

우리는 겉으로 멀쩡해 보여도 마음속에 해결되지 않은 문제를 품고 있다. 마치 내장지방이 쌓여도 겉으론 말라 보이는 '숨은 비만'처럼, 심리적으로도 눈에 보이지 않는 '내면의 부담'이 쌓인다.

이런 마음의 문제는 겉으로는 잘 드러나지 않는다. 사회에 잘 적응하는 것처럼 보여도, 속으로는 자신도 잘 모르는 감정의 무게를 짊어지고 있는 경우가 많다.

그래서 지금까지 어떤 사람들과 어떤 방식으로 관계를 맺어왔는가를 돌아보는 것이 자신을 이해하는 데 매우 중요한 단서가 된다.

심리적으로 해결되지 않은 문제가 많은 사람은 자신의 마음에 발자취를 남기지 못한다. 감정의 흐름이 차단되어 있기에 자기 내면과 연결되지 못한 채 살아간다.

이들은 무의식에 쌓인 적대감을 인식하지 못한 채, 질투심이나 수동적인 공격성을 보이기 때문에 타인과의 관계에서 어려움을 겪는다. 또 부끄러움을 잘 타고 자신을 쉽게 바꾸지 못하는 이유 역시 무의식 속에 숨겨진 감정을 외면하고 있기 때문이다.

익숙한 세상에서는 자신의 가능성을 발견할 수 없다

지금까지 타인의 뜻에 따라 살아온 사람들은 자기 의지대로 살아가는 것을 두려워한다. 타인의 뜻에 따르는 것에 익숙하기 때문이다.

자기 의지로 무언가를 결정해야 하는 상황에 맞닥뜨리면 불안해서 밤에 잠을 이루지 못하기도 한다.

타인의 뜻에 따라 살다 보면 타인을 이끄는 것이 두려워진다. 타인의 뜻에 따르는 자신은 익숙하지만, 타인을 이끄는 자신은 낯설기만 하다.

이들에게 의지를 가진 자신은 미지의 존재다. 그런 미지의 존재로 행동하기가 얼마나 두렵겠는가?

미국의 심리학자 데이비드 시버리는 이렇게 말했다.

"소나무는 떡갈나무와 경쟁하기 위해 가지를 뻗는 것이 아니다. 자신만의 노래를 부르는 시인이 되어라. 자신만의 색깔을 가진 화가가 되어라."[7]

나 자신으로 존재할 권리를 믿고 확고한 목표와 명확한 의도를 가진다면 인생을 걱정하며 어둡게 살아갈 일은 없을 것이다. 인생은 우리에게 본래의 모습에서 벗어나기를 강요하지 않는다. 스스로 그렇게 믿을 뿐이다.

비록 그것이 진짜 자신의 본모습이 아니라 해도 익숙한 세상에서 익숙한 모습으로 살아가려 한다. 그렇게 해야 덜 불안하기 때문이다.

하지만 그렇게 살면 점점 자신에게서 멀어지고 결국에는 신경증적인 삶을 피할 수 없다.

사람은 단지 불안을 피하기 위해서 익숙한 것을 선택하고 안정을 좇는다.

새로운 '나'에 도전하는 일은 불안이 따르기 마련이다. 지금까지 한 번도 자기주장을 해본 적이 없는 사람에게는, 차라리 타인이 시키는 대로 살아가는 것이 더 편안하게 느껴질 수 있다. 정확히 말하자면, 편안해서라기보다 그렇게 해야 불안감을 피할 수 있기 때문이다.

관습에 따라 살아온 사람에게는 자기 생각대로 사는 것이 불안하다. 정해진 일을 정해진 대로 해온 사람에게는 자기가 책임지고 일을 처리하는 것이 불안하게 느껴진다.

승진한 후 우울증에 걸리거나 극단적인 선택을 하는 사람은 너무 오랫동안 타인의 뜻에 따라 살아왔을 가능성이 있다.

익숙한 방식대로 살아가면 되지 않느냐고 생각하는 사람도 있을 것이다. 하지만 그런 삶에는 기쁨이 없다. 그리고 결국 언젠가는 막다른 길에 다다른다.

그 막다른 길을 벗어나기 위해 타인을 조종하거나 비난하고, 타인의 일에 간섭하려 한다. 그래서 신경증적인 사람은 에너지를 자신의 성장을 위해 사용하지 않고, 타인을 조종하는 데 사용한다. 심리치료사인 뮤리엘 제임스의 《아이는 성공하기 위해 태어난다》[8]에 다음과 같은 글이 있다.

"나는 자신의 성장을 위해 노력하기보다 다른 사람을 조종하는 데 자신의 능력을 사용하는 사람을 신경증적인 인간이라고 부른다."

교류분석 이론에서는, 패자는 타인과 친밀한 관계를 맺는 대신 상대방을 조종해서 자신이 원하는 대로 움직이게 한다고 설명한다. 마찬가지로 상대방의 기대에 부응하기 위해 자신이 가진 에너지를 사용한다.

오늘 미룬 사소한 일이
훗날 인생을 망칠 수 있다

미국의 심리학자 데이비드 시버리는 "어떻게 하면 좋지?" 하고 망설이는 사이에 사소한 고민거리가 커다란 문제로 불거진다고 말한다.

"세상의 걱정거리 중 대부분은 머뭇거리며 소극적으로 대처하는 사이 중대한 문제로 발전하고 만다. 차라리 과도하게 적극적으로 행동하는 편이 아무것도 하지 않는 것보다 훨씬 낫다. 어려움을 극복하는 데는 급진적인 대담함보다 보수적인 태도가 더 위험하다."[9]

예를 들어 정리해고가 될지도 모르는 상황이라고 하자. '가족은 어떻게 생각할까? 살아가기 힘들겠지?'라는 생각에 빠져 있는 동안에는 마치 목숨이 위태로운 것처럼 느껴지고 이제 끝이라는 절망감에 휩싸이고 만다.

근본적인 해결책은 지금 내게 무엇이 필요한지를 솔직하게 들여다보는 데서 시작된다.

'이제 어떻게 해야 하지?'라는 상황이 생겼다면, 지금 가고 있는 방향이 잘못됐다는 신호일 수 있다. 지금까지의 선택이

틀렸을 수도 있지만, 지금부터 다시 시작하면 된다.

단, 마음의 준비가 필요하다.

지금 겪고 있는 심각한 문제는 오랜 시간에 걸쳐 쌓여온 결과이기 때문에 한순간에 해결되기는 어렵다. 그래서 결국 하루하루 할 일을 해내며 차근차근 풀어나가는 수밖에 없다.

특히 상대가 있는 문제라면 더 복잡하다. 상대는 지금 이 상황을 모를 수 있기 때문이다.

예를 들어 연인에게 말하지 못한 일이 있다고 하자. '이번엔 꼭 말해야지'라고 다짐하지만 막상 만나면 말을 꺼내지 못하고 그냥 넘어가게 된다. 이런 일이 반복되다 결국 상대에게 들키면 문제는 훨씬 더 커지고 갈등도 더 깊어진다.

예를 들어 학력을 부풀렸다고 하자. 사실 대학교를 중퇴했는데 졸업했다고 했다. 아니면 명문대학을 졸업했다고 말했지만, 사실은 여름 학기 강좌만 들었을 뿐이다. 그게 무엇이든 무심코 거짓말을 하고 말았다.

사실을 말해야 한다고 생각하면서도 차마 말하지 못했다. 그러다 결국 거짓말이 들통나서 관계가 깨지고 말았다.

사실대로 말했다면 사랑이 깨지지 않고 오히려 신뢰를 회복해서 연인과 더 친밀해졌을지 모른다.

상대가 용서할 수 없었던 것은 처음 만났을 때 학력을 속인 사실이 아니다. 사이가 가까워진 이후에도 사실대로 말하지 않았다는 점이다.

그야말로 머뭇거리며 소극적으로 대처하는 사이 중대한 문제가 되어버리고 말았다.

털어놓기 어려운 말은 누구나 있을 수 있다. 하지만 용기 내어 말하지 않으면 어느 순간 되돌릴 수 없는 문제가 되고 만다.

그것이 큰 문제가 되고 나서야 '그때 말할걸' 하고 후회한다. 그때는 말하기 힘들다고 생각했지만, 지금 돌이켜보면 그렇게 어려운 일이 아니었다. 큰 문제가 되어버린 지금 생각해보면 차라리 털어놓는 게 훨씬 쉬운 일이었다.

뭔가 문제가 있다고 느끼는 일이나 말하기 힘들다고 생각하는 문제는 지금 신경 쓰이는 것일 뿐 나중에 돌이켜보면 별로 중요하거나 대단한 문제도 아니다.

뭔가 걸리는 일이 있지만 해결을 미루고 싶을 때는 자신에게 이렇게 말해보자.

"이 문제는 지금은 외면하고 싶지만, 나중에 돌이켜보면 사소한 일일 뿐이다."

이 문제를 지금 해결하면 나중에 더 큰 고통을 받지 않아도 된다는 사실을 깨달아야 한다.

문제는 마당의 잡초처럼
방치할수록 더 커진다

　분위기가 어색해질까 봐 지금은 말하지 않고 넘기고 싶은 문제가 있을 수 있다. 그 마음은 누구나 이해할 수 있다. 실제로도 말하지 않으면 그 순간에는 아무런 문제도 생기지 않고 조용히 넘어간다.

　하지만 문제는 바로 거기에 있다. 문제가 생기지 않는 것이 반드시 좋은 일은 아니다.

　지금은 아무 일 없는 것처럼 보여도, 그 일이 쌓이면 1년 뒤에는 감당하기 힘든 문제로 커질 수 있다.

　말하기 힘들어도, 어색해도, 말해야 한다고 생각한 것은 용기 내어 말해야 한다.

　지금 말할 것인가, 아니면 1년 후에 대처할 수 없을 정도의 큰 문제로 만들 것인가? 그 선택은 결국 자신의 몫이다.

　지금 말하면 어색함은 오늘 하루로 끝난다. 이번 데이트가 어색할 뿐 적어도 둘의 관계가 깨지지는 않는다.

　반대로 지금 말하지 않으면 당장은 둘 다 즐거울 수 있다. 그렇지만 둘의 관계가 1년 후에는 완전히 끝나게 된다. 그때는 회복할 수 없을 정도의 타격을 입는다.

뒤늦게 '왜 내 인생은 문제가 끊이지 않는 걸까' 하고 한탄하게 된다. 하지만 그 사람 인생에만 문제가 생기는 것은 아니다.

문제의 싹을 내버려둔 사람은 바로 본인이다. 잡초는 뽑아버리지 않으면 자꾸자꾸 퍼져나간다.

잡초를 뽑지 않으면서 "왜 내 마당에만 잡초가 자라는 거야?"라고 한탄해봐야 아무 소용 없다. 옆집 사람은 자기 마당의 잡초를 부지런히 뽑고 있는 것이다.

●

회피는 반복을 부르고
해결은 기회를 만든다

별문제 없이 살아가는 듯 보이는 사람이 있다. 하지만 그들이라고 해서 특별히 문제가 없는 것은 아니다. 다만 문제가 없어 보이는 사람은 문제가 심각해지기 전에 대처할 뿐이다.

살아가면서 누구나 문제에 맞닥뜨린다. 문제가 많고 적음의 차이가 아니다. 다만 문제가 많은 사람은 작은 단계에서 미리 대처하지 않은 것이다.

문제를 처리할 때는 의지와 마찬가지로 계획도 중요하다. 문제가 적은 사람은 미리 계획을 세운다.

예를 들어 연인에게 학력을 사실대로 말하지 못하는 사람이 있다고 하자. 다음에 말해야겠다고 생각하고 실제로 말할 수 있는 사람은 일단 먼저 계획을 세운다.

다음 데이트에는 이런 옷을 입어야지, 이 안경을 쓰고 가야지, 약속 시간보다 먼저 가서 기다리고 있어야지, 그리고 이렇게 말을 꺼내자, 하고 할 말을 미리 생각한다.

이를테면 "오랫동안 마음에 걸렸던 일이 있어"라며 말문을 여는 것이다.

이런 계획을 세우지 않고 갑자기 만나면 상황은 상대방의 페이스대로 흘러가게 된다. 결국 말하지 못한 채 시간이 지나가고 어느새 말해야겠다는 마음도 사라진다.

마음의 준비 또한 필요하다. 그 말을 한다면 그날의 데이트는 즐겁지 않을 것이라는 각오를 해야 한다. 즐거운 분위기를 유지하려고 하면 그 말을 할 기회를 놓치게 된다.

거짓말한 대가를 치르려면 힘이 드는 것이 당연하다.

즉, 작은 문제라도 그것을 해결하려면 결단과 구체적인 계획, 각오가 필요하다.

이런 의미에서, 자기 잘못을 말할 수 있다는 것은 성장을 의미한다. 의사소통이 가능한 인간이 되었다는 뜻이다.

자신을 바꾸는 일에는 에너지가 필요하다. 의사소통이 되지 않는 사람에게는 그런 에너지가 없기 때문에 보통은 악순환에 빠지게 된다.

신경증적인 사람들 속에서 자란 사람에게 심리적 성장이란 이 악순환을 끊어내는 것을 의미한다. 결코 쉬운 일이 아니지만 이것을 해내야 한 단계 더 성장할 수 있다.

●

해야만 하는 일을 멈추면
삶이 새롭게 보인다

미국의 임상심리학자 앨버트 엘리스는 비합리적 신념(Irrational belief)이라는 개념을 제시했다. 이는 이치에 맞지 않는 사고방식을 의미한다. 이를테면 자신은 뭐든지 잘해야 한다는 생각 등이다.

'나는 더 똑똑해야 한다'는 생각으로 살아가면 삶이 행복하지 않다. 이렇게 생각하면 우울해질 때도 많을 것이다. 똑똑한 사람은 세상에 그리 많지 않으니까.

비합리적 신념이라는 개념을 바탕으로 비합리적인 감정에 대해 이야기해보자.

예를 들어 믿을 만한 사람을 믿지 못하고 성실한 사람을 의심하는 감정을 느끼는 것이다.

어릴 때부터 믿음을 주지 못하는 사람들에게 둘러싸여 성장하면 믿을 수 있는 사람을 만나도 믿지 못한다. 믿을 수 없는 사람들만 만나고 살아가면 타인을 믿는 능력이 생기지 않는다. 이는 감정적 기억 때문이다.

일반적인 사람들은 우울증에 걸리는 사람을 좀처럼 이해하지 못한다. 그 이유는 '저렇게 좋은 환경인데 어떻게 행복하지 않을 수 있어?'라고 생각하기 때문이다. 자신이 그런 환경에 놓인다면 틀림없이 행복할 거라고 믿는다.

'사람이 걸리는 질병 가운데 이토록 공감이 절실한데도 이토록 공감을 얻지 못하는 질병이 또 있을까.'[10]

'왜 저럴까?'라고 생각하는 이유는 우울증에 걸린 사람의 감정을 이해하지 못하기 때문이다. 우울증 환자의 감정은 비합리적 감정이다.

우울증 환자는 불합리하지만 그렇게 느낀다. 보통 연애를 하면 마음이 들뜨게 마련이지만 우울증 환자는 그렇지 않다.

무엇보다 보통 사람이 봤을 때는 즐거운 일도 즐겁지 않다.

비합리적 신념과 비합리적 감정은 사람의 인생을 파괴하므로 이 2가지를 제거하는 데 에너지를 쏟아야 한다.

자신이 어떤 비합리적 신념을 지녔는지를 인식해야 한다. 우리는 의외로 자신이 비합리적 신념을 지니고 있다는 사실을 알아차리지 못한다.

예를 들어 연인에게 책망하는 말이나 비난하는 말을 들었다고 하자. 이럴 때는 깊은 우울감에 빠진다. 하지만 곰곰이 생각해보면 '연인은 항상 칭찬만 해야 한다'라는 믿음이야말로 비합리적 신념이라고 할 수 있다.

우울할 때는 자기 생각이 좀 이상하다는 사실을 알아차리기 어렵다. 그저 연인이 비난했다는 사실에 상처받고 우울해할 뿐이다.

앨버트 엘리스는 우울하다면 자신이 '~해야만 한다'는 사고방식을 가지고 있지 않은지 찾아보라고 제안한다.[11]

비합리적 신념을 찾는다고 불쾌한 감정이 해소될까? 이런 의심이 들 수도 있다. 하지만 이를 반복하다 보면 적어도 하지 않는 것보다는 마음이 가벼워진다는 사실을 깨닫게 된다. 엘리스 역시 훈련의 중요성을 강조한다.

몇십 년 동안 몸에 밴 마음의 습관을 하루이틀에 고칠 수는 없다. 끈기 있게 연습해야 한다.

우리 인간은 늘 24시간을 살아간다.

눈앞의 순간이 전부라고 여기며 살아간다.

긴 시간을 들여 정성껏 내면을 가꾸지 못했다. 항상 그 순간 순간에 매몰되어 살아가다 보면 아무것도 축적되지 않는다.

항상 그 순간에 느끼는 고통만 허둥지둥 대처하며 살아간다. 그리고 그것을 해결하지 못하면 우울해한다.

오랫동안 지속되는 우울감은 집착에서 비롯된다. 그 집착의 밑바닥에는 자기 자신을 싫어하는 마음이 자리 잡고 있다. 우울하다는 것은 자신이 싫어졌다는 것을 의미한다.

하고 싶은데 하지 못하는 자신이, 해야 하는데 할 수 없는 자신이 싫어진 것이다.

그 바탕에는 나는 이런 사람이어야만 한다는 믿음이 자리 잡고 있다. 그래서 현실의 모습과 이상 사이의 간극이 불안과 실망으로 이어진다.

그렇다면 이렇게 불안을 안고 사는 사람의 진짜 고민은 무엇일까?

바로 "지금의 나는 내 기준에 미치지 못한다"는 끝없는 비교와 자기비판이다.

"이번에도 못 했어"라는 말을 마음속에서 반복하다 보면, 언젠가는 조심스럽게라도 하고 싶은 말을 하게 된다. 하지만 한 번 말했다고 해서 그다음에도 말할 수 있는 것은 아니다.

이번에는 용기를 냈지만 다음번에는 말하지 못할 수도 있다. 그것 또한 자연스러운 과정이다.

순종을 강요받으며 살아온 사람이 마음 습관을 바꾸는 데는 새로운 왕국을 건설하는 것보다 더 많은 에너지가 필요하다. 금방 잘할 수 있을 거라는 생각이야말로 비합리적 신념이다.

불쾌한 감정으로 괴롭다면, 지금 내 마음속 어딘가에 비합리적 신념이 있지는 않은지 구석구석 찾아봐야 한다. 그리고 그걸 바꾸려고 노력해야 한다.

그렇게 한다고 해서 더 불쾌해지거나 손해 볼 일은 없다. 처음에는 이 정도로 만족하자. 계속 연습하다 보면 나름대로 효과가 나타날 것이고, 시간이 지날수록 효과는 점차 커질 것이다.

●

불합리한 신념은
마음의 감옥을 만든다

해야 할 말을 끝내 하지 못한 채 들켜버려서 연인과 헤어지게 됐다면 어떻게 해야 할까? 두려움에 적절히 대응하지 못해 결국 큰 문제가 됐을 때는 어떻게 하면 좋을까?

문제에 적절히 대응하지 못해 일이 커져버리면 우울감에 빠질 수 있다. 그제야 그때 말할걸, 하고 후회하지만 매번 문제에 적절히 대응할 수도 없다.

오랫동안 깊은 우울감에 빠져 있다면 항상 문제에 적절히 대응해야 한다는 비합리적 신념을 지니고 있다는 증거다. 같은 사람이라도 건강할 때는 하고 싶은 말을 할 수 있고 문제에도 적절하게 대응한다.

그렇다면 왜 우울해지는 것일까?

우울해지는 이유는 욕심을 내기 때문이다. 이는 아직 포기하지 않았다는 뜻이다. 그러니 그렇게 나쁜 상황은 아니다. 욕심을 낼 만큼 에너지가 있다는 뜻이다. 어떻게 되든 상관없다며 체념한 상태는 아니다.

하지만 에너지가 부족할 때는 말하는 편이 좋은 일도 좀처럼 말하지 못한다. 누구나 건강할 때와 우울할 때가 있다. 그러니 하고 싶은 말을 하지 못해 마음속에 작은 불만이 쌓이고 우울해진다면 다음 사항을 알아차리도록 하자.

"난 아무리 말하기 힘든 것이라 해도 항상 솔직하게 말해야 한다는 불합리한 신념을 갖고 있다."

우울해지는 것은 에너지가 부족하기 때문이다. 하지만 그 밑바닥에는 희망이 있다. 아직 희망을 버리지 않은 것이다.

이상적인 인간과 이상적인 삶은 다르다. 이상적인 삶을 살고자 할 때는 갈등의 한복판에 뛰어들 각오를 해야 한다. 그러지 못하는 것은 에너지가 부족하기 때문이다. 보통 에너지가 부족할 때 불합리한 신념을 갖게 된다.

●

넘어졌을 때는 우선 일어나서 원인을 생각하라

오랫동안 우울감에 빠져 있는 사람은 대개 인생에서 즐거움을 경험할 기회가 없었을 가능성이 크다. 우울한 사람은 단순히 기분이 가라앉은 게 아니라, 그럴 수밖에 없는 환경 속에서 오랜 시간을 살아왔기 때문이다. 기쁨도, 위로도, 존중받은 경험도 없었다.

한 사람이 미국 로스앤젤레스에서 가진 돈을 모두 잃어버렸다. 막막한 마음으로 거리를 걷던 그는 우연히 어느 가게에서 흘러나오는 '커피 룸바(Coffee Rumba)'라는 노래를 들었다. 순간 그는 "룸바!"라고 외치며 몸을 움직여봤다. 그러고는 이렇게 생각했다.

"뭐, 어쩔 수 없지!"

그는 돈을 잃었지만 목숨을 부지했다는 사실에 집중했다. 중요한 것은 돈이 아니라 자기 삶을 놓지 않는 태도다. 그는 잃어버린 돈에 집착하지 않았다. 하지만 대부분의 사람은 그렇게 하지 못한다.

우울한 사람은 한숨을 내쉴 뿐 자신을 표현할 힘이 없다. 감정도 의지도 마음속에만 맴돌 뿐 타인에게 전달되지 않는다.

우울은 자기를 소중히 여기지 않는 마음에서 비롯된다. 자기 자신을 싫어하고, 자기 삶에 대해 부정적인 태도를 갖고 있으며, 결국 현실을 있는 그대로 받아들이지 못한다.

그 뿌리에는 '내가 꼭 이런 사람이 되어야만 한다'는 비합리적 신념이 깊게 자리 잡고 있다.

예를 들어 아픈데도 아프면 안 된다고 생각하거나, 실제로는 그 일을 해낼 역량이 없으면서도 스스로에게 '할 수 있어야 해'라고 강요한다. 그렇게 할 수 없는 것에 매달릴수록 자기 자신에 대한 실망은 깊어지고, 결국 스스로를 더 미워하게 된다.

그러다 보면 자신도 모르게 도망친다. 도망치는 이유는 현실이 싫어서가 아니라 그 현실 속의 자신이 싫기 때문이다.

자기 자신을 조금이라도 좋아하는 사람은 다시 일어설 수 있다. 하지만 자기 자신을 싫어하는 사람은 쓰러진 자리에서 쉽게 일어나지 못한다. 생각대로 되지 않으면 자신에게 짜증이 나고, 실패를 거듭할수록 자신에 대한 미움도 깊어진다.

문제는 표면적인 사건에 있는 것이 아니다. 예컨대 돈을 잃어버린 일 자체가 전부가 아니다. 그 밑바탕에는 "나는 실패자야", "나는 뭘 해도 되는 일이 없어"라는 자기혐오의 감정이 숨어 있다.

이런 사람들은 '할 수 없다'는 사실을 받아들이지 못하고 오히려 더 강하게 집착한다. 해낼 능력이 없다는 걸 알면서도 억지로 붙잡고 놓지 않으려 한다. 그 집착이 결국 더 큰 좌절을 부른다.

자기 자신도 이해하지 못한 채 타인과의 관계에서도 계속 오해를 낳는다.

문제는 누구에게나 공기처럼 일어나지만, 우울한 사람은 과거에 익숙했던 방식, 비합리적인 신념과 감정 반응에만 의존한다. 그래서 그들은 종종 세상을 원망하고 타인을 비난한다.

마음속에는 원한이 쌓여 있지만 그것을 어떻게 풀어야 할지 모른다. 그리고 문제의 진짜 근원을 보지 못한 채 그저 집착만 반복한다. 하고 싶은 말을 하지 않으면 감정은 응어리가 되고, 응어리는 원한이 된다.

물론 부주의하게 돈을 잃은 것은 나의 실수다. 하지만 그 밑바닥에는 해소되지 못한 감정, 즉 삶 전체에 대한 불만과 상처가 깔려 있다.

원한이 없는 사람이 겪은 손실과, 삶에 깊은 원한을 품은 사람이 겪는 손실은 결코 같지 않다.

운이 없을 때, 원한을 품은 사람은 쉽게 좌절한다. 오늘은 운이 없다고 생각하면서도 사실은 원한이 밑바탕에 깔려 있다. 부당한 대우를 받은 기억이 원한이 될 수도 있다. 결국 모든 고민은 결핍과 맞닿아 있다.

우선 그 사실을 알아차려야 한다.

매번 적절히 대응하지 못한다고 해서 자신을 형편없는 사람이라고 생각할 필요는 없다.

아무리 작은 문제라도 외면하고 내버려두면 점점 더 큰 문제로 발전한다는 것을 이번 일로 배웠다고 생각하면 된다.

'이렇게 안 좋은 일을 겪었으니 다음에는 같은 실수를 반복하지 말아야지'라고 생각하게 될 것이다. 그리고 다음에 뭔가 말하기 어려운 일이 있을 때는 이 불쾌한 감정이 떠올라 적절히 대응할 수 있게 된다.

다음 성공을 위한 발판이 된다면 이번에 느낀 불쾌한 감정은 결코 헛된 것이 아니다. 인간관계에 문제가 생기더라도 더 이상 '이 불쾌한 감정은 해결할 수 없어', '마음의 상처는 치유할 수 없어'라고 생각하지 않는다.

살다 보면 극복할 수 없을 것만 같은 고난이 찾아온다. 하지만 고난은 얼마든지 극복할 수 있다.

인생은 기본적으로
불공평하다는 것을 받아들여라

어떤 사람들은 문제가 생겼을 때 너무 깊이 생각하고 고민만 한다. 괴로워하면서도 '시간이 해결해줄 거야'라고 생각하며 기다리기만 한다. 문제를 해결하지 못해도 괜찮다고 스스로를 위로하지만, 실제로는 문제를 해결하려고 노력하지도 않는다. 그저 "아, 망했어!"라고 한탄할 뿐이다.

활력이 넘치는 사람은 이런 모습을 보면 이해할 수 없다. "왜 가만히 있어? 직접 해결하려고 노력해야 하는 거 아냐?"라고 생각한다.

하지만 무기력한 사람은 움직이고 싶어도 움직일 수 없다. 그건 마치 길을 잃은 아이가 가만히 서서 울고만 있는 것과 같다. 아이는 움직일 힘이 없기 때문에 멈춰 서서 울고 있는 것이다.

이와 같은 상태를 학습된 무기력(learned helplessness)이라고 한다. 무기력은 과거에 뭔가 도저히 견딜 수 없는 일이 있었고, 그때 "나는 아무것도 할 수 없다"는 절망감을 학습한 결과다.

'즐거움이 없으면 살아갈 수 없다.'
'즐거워야만 의미가 있다.'
'좋아하는 것이 있어야만 살아갈 이유가 생긴다.'
'즐거움도, 좋아하는 것도 없다면 삶은 허무하다.'

이런 생각으로 가득한 사람은 이야기할 상대조차 없다. 그만큼 외롭고 단절된 상태다.

이럴 때는 이렇게 말해보자.

"꽃에 물을 줄 때, 나는 행복해진다."
"새소리를 들을 때, 나는 행복해진다."

"밥을 먹을 때, 나는 행복해진다."
"혼자 하늘을 올려다볼 때도, 나는 행복해진다."

이렇게 작은 순간이라도 행복을 말해보는 것이다.

오늘 하루를 살아냈다면 앞으로 열흘도 살아낼 수 있다.

오늘 하루가 이렇게 괴로운 와중에도 살아냈다면, 당신은 이미 살아낼 수 있는 사람이다. 그러니 지금 당신이 살아 있다는 것, 그 사실을 마음에 새겨야 한다.

당신이 방금 밥을 먹었다면, 그건 당신이 살아 있다는 증거다. 지금 커피를 마시고 있다면, 당신 안에 있는 생명력을 믿어라.

지금 이 순간, 이 고통을 견뎌내는 당신 안의 에너지를 믿어라.

지금 당신은, 분명히 살아가고 있는 중이다.

지금 걷고 있지 않은가. 비틀거릴 때도 있지만 이렇게 걷고 있지 않은가.

화가 나는 이유는 마음속에 증오가 있기 때문이다. 그 근본 원인은 자기 자신을 싫어하는 마음에 있다. 누군가를 증오하지만 이를 의식하지 못한다. 왜냐하면 그 사람이 소중한 친구이고, 부모이기 때문이다.

내일을 믿으라는 말이 아니다. 내일을 믿을 수 있도록 자기 자신을 바꾸라는 말이다. 내일을 믿으며 살아가면 극복할 수 없다고 생각한 마음의 상처를 언젠가는 극복하게 된다.

마음에 깊은 상처를 입었을 때, 흔히 그 상처를 무덤까지 가져가야만 한다고 생각한다. 그렇게 생각하면 살아갈 힘을 잃게 된다. 앞서 말했듯이 '난 행복해질 거야'라고 몇 번이고 되뇌어라. 무덤 속에서도 계속 말할 각오로 끊임없이 되뇌어라. 그리고 내가 가진 비합리적 신념은 무엇인지 생각해보자. 내 사고방식 중 비현실적일 정도로 높은 기대를 품은 부분은 없는지 점검해보자.

내일을 믿고 열심히 살다 보면 반드시 극복하는 때가 온다. 돌아보면 이미 다 극복해 있다. "아, 역시 극복할 수 있구나!" 하고 놀라는 때가 온다. 그때를 위해 믿어야 한다. 믿고 앞으로 나아가야 한다.

비합리적인 감정을 마주할 때는 자기 자신을 새롭게 만들고 바꾸겠다는 자세로 접근할 필요가 있다.

어릴 때부터 힘든 일만 겪으며 자라서 본래의 자기 자신을 잃어버린 사람이 있다고 하자. 인간으로서 자연스러운 감정을 잃어버린 상태다. 기쁘다든지 즐겁다든지 하는 감정을 느끼지 못한다.

인간은 슬픈 감정을 느낄 때도 있지만 기쁨을 느낄 때도 있다. 새는 소리를 듣지 못하면 노래하는 방법을 배우지 못한다. 마찬가지로 우울증 환자도 즐거운 경험을 하지 못하면 즐거운 감정을 느끼지 못한다. 즐겁다는 말은 알아도 즐거움을 몸으로 이해하지는 못한다. 그러한 다양한 감정을 되찾아가는 연습이 필요하다.

맛있는 밥을 먹는 일은 보통 아이들에게는 즐거운 시간이다. 하지만 항상 신경이 날카로운 엄마와 벌컥 화를 내며 아이를 질책하는 아빠와 함께하는 식사는 괴로운 시간이다. 즐거운 대화가 전혀 없는 식사 시간, 어두운 분위기 속에서 하는 식사 시간, 음식을 먹을 수 있다는 걸 아빠에게 감사해야 하는 식사 시간, 그런 생색내는 식사 시간밖에 모른다면 어른이 되어 누군가에게 "같이 밥 먹을래?"라는 말을 들어도 즐겁지 않다. 미각도 발달하지 않는다. 무얼 먹어도 맛이 없다. 이래서는 식사 시간이 즐거울 리 없다.

우울증 환자는 다른 사람들이 즐거워하는 모습을 보면 기분이 가라앉는다고 한다.[12] 자신은 즐거운 일이 없기 때문이다. 이런 사람은 남에게 심술을 부리지 않기 때문에 주변 사람들은 그저 악의는 없는 사람 정도로 받아들인다.

'왜 나한테만 힘든 일이 계속 생기는 걸까?'라고 생각하는 것은 이상한 일이 아니다. 불공평한 인생에 분노를 느끼는 것은 당연한 일이다.

우울증 환자가 즐거워하는 사람을 봤을 때 기분이 가라앉는 것도 당연한 일인지 모른다. 하지만 인생은 불공평하다고 생각하기보다, 나는 그들과 달리 무거운 사명을 짊어지고 살아가는 거라고 받아들이자.

"삶이 우리에게 무엇을 줄까
기대하지 말고,
삶이 우리에게 무엇을
기대하고 있는지를 깨달아야 한다.
삶이란 계속해서 던지는 과제에
책임감 있게 답하고,
그 문제에 대한
올바른 해답을 찾는 과정이다."

빅터 프랭클

살아가는 동안 우리는
점점 '나'와 멀어진다.
누군가의 기대에 맞추느라
미움받지 않기 위해
감정을 억누르며 살아가기 때문이다.
하지만 억눌린 감정은 사라지지 않고,
때때로 흔들리는 모습을 드러낸다.
진짜 나를 회복하려면
잊혀져가는 나를 다시 불러내야 한다.

2장

잊혀져가는 나를 소환하다

감정의 스위치,
편도체에 새겨진 기억

뇌의 편도체가 과도하게 각성된 상태가 되면, 사소한 일들조차 매번 '상처받는 순간'으로 인식되어 기억에 각인된다.

흥분하기 쉬운 편도체를 가지고 태어난 아이가 불행한 유년기를 보냈을 경우, 거기에서 벗어나는 데 오랜 시간이 걸린다. 성인이 된 후에도 과잉 반응을 보이거나 비정상적인 반응을 하게 된다.

반대로 쉽게 흥분하지 않는 편도체를 가지고 태어난 아이가 행복한 유년기를 보냈을 경우는 다르다. 설령 겉보기에 같은 상황에 놓여 있다 해도, 두 사람은 전혀 다른 세계에서 살아간다.

유년기의 경험은 감정을 조절하는 신경회로에 기억으로 새겨진다. 트라우마는 편도체에 방아쇠로 작용하는 기억을 남긴다.[13] 나치 강제수용소의 공포가 50년이 지나도 사라지지 않는다는 것이 대표적인 예다. 3장에서 언급되는 '기억에 얼어붙은 공포'라는 표현이 바로 그것이다.

이러한 경우 신경의 경보 시스템 자체가 비정상적으로 낮은 수준으로 반응하게 된다.

사람에 따라 사소한 일을 큰일이라도 난 것처럼 받아들이고 타인의 행동에 너무 민감하게 반응하는 경우가 있다.[14]

예를 들어 어떤 사람이 코뼈가 휘는 비중격만곡증을 치료하기 위해 병원에 갔다고 하자. 진료실에서 의사가 코에 어떤 기구를 넣자 환자는 뼈를 깎는 듯한 느낌이 든다. 이처럼 과도하게 반응하는 사람은 애초에 감정적 기억이 편도체에 강하게 저장되어 있는 경우가 많다.

환자가 그렇게 행동하는 이유는 편도체에 저장된 감정적 기억이 반응하고, 그것이 방아쇠가 되어 과거의 아픈 경험이 되살아났기 때문이다. 이것은 환자의 의지로 어떻게 할 수 있는 일이 아니다.

나의 가치를 믿으면
사소한 말에 휘청이지 않는다

    자기소멸형 인간은 '나는 무가치하다'는 감정, 죄책감, 수치심에 깊이 사로잡혀 있으며, 주목받지 않는 곳에서 안도감을 느낀다.

    자기소멸형 인간은 절망적인 단계에 이르면 아주 작은 신체적 징후에도 패닉 상태에 빠진다. 그런 사람은 현기증만 일어나도 뇌종양이라도 걸린 듯 소란을 피운다.

    그들에게는 이상적인 자아상이 조금이라도 무너지는 것보다 차라리 현실 세계가 무너지는 편이 낫다.

    그들에게는 사소한 실패도 큰 충격으로 다가온다. 이상적인 자아상에 집착한 나머지 작은 실수도 극단적인 선택을 고민할 만큼 치명적일 수 있다.

    이들은 어린 시절부터 있는 그대로의 자신은 가치가 없다고 믿으며 자라왔기에, 자신을 있는 그대로 가치 있다고 믿는 사람과는 실패를 받아들이는 방식이 전혀 다르다.

    심각한 열등감을 가진 부모들이 주로 이런 환경을 만든다. 인간관계가 원만하지 않은 아버지, 냉정한 어머니, 혐오로 가득 찬 주변 환경에서 자란 아이는 사람을 싫어하게 된다.

어떤 트라우마를 남기는 사건이든 편도체에 방아쇠 역할을 하는 기억을 심어놓는다.

어린 시절부터 끊임없이 스트레스에 시달리며 살아온 사람에게 살아간다는 것은 지뢰가 곳곳에 묻힌 길을 걸어가는 것과 같다. 지뢰가 묻혀 있지 않은 길을 걸어온 사람과는 전혀 다른 인생을 살게 된다.

어릴 때부터 혐오의 말만 들으며 자란 사람들이 사소한 말 한마디에도 쉽게 상처받고 불쾌해하는 것도 마찬가지다.

●

무리하게 애쓰지 않아도 사랑받을 가치가 있다

자신은 사랑받을 가치가 없다고 생각하는 사람이 있다. 이런 사람은 자신을 숨긴 채 살아간다. 마음 한편으로는 있는 그대로의 자신은 사랑받을 수 없다고 느끼기 때문이다.

그가 진정한 자신과 마주하는 것을 두려워하는 이유는, 자기 안에 '최악의 모습'이 숨어 있을까 봐 두렵기 때문이다. 물론 그런 면도 분명히 존재한다. 하지만 진짜 두려움은 그것만이 아니다.

자신이 사랑받을 가치가 있다는 사실을 깨닫는 일 또한 두려울 수 있다. 자신의 장점을 발견하는 일을 두려워한다는 것을 쉽게 이해할 수 없을 것이다. 그러나 분명히 그런 두려움도 존재한다. 그것은 변화에 대한 두려움이며, 미지에 대한 두려움이다.

이 사람은 지금까지 '나는 사랑받을 수 없다'는 전제 아래 행동해왔다. 있는 그대로의 모습으로는 타인에게 사랑받지 못한다는 믿음을 바탕으로 타인과 관계를 맺어온 것이다.

이들은 사랑받기 위해서는 상대에게 무언가를 주어야 한다고 믿는다. 돈이나 명예, 노동력, 복종을 통해 상대방의 지배욕을 채워주거나, 기분을 맞춰줌으로써 상대의 무력감을 달래주거나, 성적 만족을 제공하는 등 어떤 형태로든 상대에게 '무언가'를 주지 않으면 사랑받을 수 없다고 믿는 것이다.

이런 방식을 통해 자신을 지켜왔고, 그런 행동과 말이 습관처럼 굳어졌다. 이것이 자신이 살아온 익숙한 세상이다.

어떤 역할에 갇혀버리면
진짜 나는 사라진다

우울증 기질이 있는 사람은 보이지 않는 희생을 강요하는 가정에서 자란 경우가 많다. 이런 사람들은 실질적으로는 그 집을 지탱하는 역할을 하면서도 가족 내에서는 낮은 지위에 머무른다.

그런 가정에는 제멋대로 행동하면서도 확고한 위치를 보장받는 약삭빠른 사람이 있기 마련인데, 당연히 무의식적으로 그 사람을 미워하게 된다. 하지만 그런 가정에서는 대개 공격적인 행동을 해서는 안 되는 분위기가 형성되어 있다. 구체적으로 말하면 형제간에 대놓고 다툼을 벌이지 못한다.

이런 경우에는 가족 안에서 참는 사람과 제멋대로 구는 사람이 생겨나고, 보통 참는 사람이 힘들어진다. 마음의 병을 지닌 사람은 대개 이런 가정에서 자란 경우가 많다.

참는 사람은 미워하는 감정을 마음속 깊이 억압하면서도 겉으로는 싱글벙글 웃으며 살아간다. 규범의식도 강해서 항상 전체를 먼저 생각하고 자신의 일은 뒤로 미룬다.

하지만 기쁜 마음으로 전체를 위해 자신을 양보하는 것이 아니라 억울한 마음이나 화를 마음속 깊이 쌓아둔다.

그렇게 참는 사람이 있으면 다른 한쪽에서는 제멋대로 행동하는 이기주의자가 생겨난다. 가정뿐만 아니라 심리적으로 병든 집단에서 흔히 나타나는 구조다.

어린 시절 가족 내에서 희생을 강요받으며 자란 사람은 어른이 되어서도 집단 내에서 비슷한 역할을 맡게 된다. 이미 순종과 희생을 학습했기 때문이다.

자신이 집단 내에서 받아들여지려면 그런 역할을 해야만 한다고 여긴다. 이미 그렇게 길들여져왔기 때문이다. 이런 사람들은 자기 비하가 몸에 배어 있어서 항상 타인에게 무언가를 주어야만 관계를 유지할 수 있다고 믿는다.

반대도 마찬가지다. 가족 내에서 제멋대로 굴며 성장한 사람은 어른이 되어도 집단 내에서 이기적으로 행동한다. 자기 뜻대로 되지 않으면 화부터 낸다.

이기주의자는 사회에서 인간관계를 맺으며 여러 가지 문제를 일으키는 반면, 자기 욕구를 억압하면서 성장한 사람은 문제를 일으키지 않기 위해 참는 쪽을 택한다.

어른이 되어도 불안정한 심리 상태로 살아가는 사람의 눈앞에, 과거 자신을 괴롭혔던 사람처럼 제멋대로 행동하는 사람이 나타났다고 하자.

그러면 자신이 억눌러왔던 어린 시절의 감정이 자극되어 힘들어질 수밖에 없다. 그 욕망을 계속 억누르다 보면 심리적 패닉 상태에 빠지게 된다. 이렇게 마음의 병이 있는 엄마가 아이를 학대할 가능성이 크다.

아이를 학대하는 부모를 잔인하고 비정한 사람이라고 단정 짓지만 그것은 반쯤은 사실이고 반쯤은 오해다. 그들은 스스로도 치유받지 못한 고통 속에서 살아가고 있다. 이런 오해는 세상에 흔히 일어나며, 그로 인해 문제의 본질이 가려지기도 한다.

누군가를 해치는 행동을 정당화할 수는 없지만, 이면에 자리한 감정과 상처를 들여다볼 필요가 있다.

마음의 흔들림은 억눌린 감정이 모습을 드러내는 신호

어린 시절, 사람들에게 정당한 대우를 받지 못한 채 분노와 불만을 억눌러온 사람은 어른이 되어서도 누구에게나 인정받고 칭찬받고 싶은 욕구가 강하다.

지금 눈앞에 있는 어떤 사람의 태도를 통해 억눌러왔던 감정이 다시 떠오를 때가 있다. 사실 그런 태도쯤은 무시해도 될 텐데, 마음은 쉽게 그러지 못하고 크게 흔들린다.

아무 상관 없는 사람의 말투나 표정, 무심한 한마디가 방아쇠가 되어 예전에 느꼈던 굴욕감이 생생히 되살아난다.

독일의 정신과 의사 프리다 프롬 라이히만이 말했듯이 어릴 때 어머니에게 사랑받지 못한 사람은 상대가 누구든 상관없이 사랑받고 싶어 한다. 심지어 이해받지 못하는 사람에게 이해받으려 애쓰다 보면 감정이 흔들리고 분한 마음이 든다.

분할 일이 아닌데 분한 마음이 드는 것은 어릴 때부터 그 누구에게도 이해받지 못한 채 분한 마음을 억눌러왔기 때문이다. 마치 봄까지 녹지 않고 남은 눈처럼 마음속에 쌓여 있는 것이다. 그렇게 오랜 세월 쌓여온 원한이, 지금은 아무 상관도 없는 사람의 한마디에 불이 붙어서 별일 아닌 일에도 불쾌해진다.

8가지 바람이 불어도 하늘에 떠 있는 달은 움직이지 않는다는 말(세속의 8가지 바람, 즉 이익, 손해, 칭찬, 비난, 고통, 쾌락, 명예, 불명예에도 흔들리지 않고 평정심을 유지한다는 의미-옮긴이)과는 정반대다.

어린 시절 최선을 다했지만 그 노력을 인정받지 못했고, 형제 사이에서 늘 불공평한 대우를 받았지만 계속 참아왔다. 뭐든지 참고 또 참으며 어른이 됐다.

마음속에는 이루 다 헤아릴 수 없는 분한 마음이 억눌려 있다. 굴욕 위에 또 굴욕이 쌓이고 그 무거운 짐에 짓눌려 마음이 무너져 내릴 듯한 채로 오랫동안 그렇게 살아왔다. 겉으로는 무뎌진 듯 보이지만 마음속에는 그 상처가 빠짐없이 새겨져 있다.

지금 느끼는 불쾌한 감정은 어린 시절 싸워야 할 때 싸우지 못한 계산서 같은 것이다. 어린 시절부터 존중받지 못하고 분함을 억누른 채 '착한 아이'를 연기해왔다. 그 마음을 누구도 이해해주지 않았다.

너무나 큰 굴욕에 마음은 무감각해졌지만, 고독 속에서 두려움에 사로잡혀 살아왔다. 그러다 보니 사소한 일에도 마음이 흔들린다.

감정적으로 휘둘린다는 것은 그만큼 억눌린 감정에서 해방되기 시작했다는 의미이기도 하다. 무의식에 잠겨 있던 것들이 현재 일어난 일을 계기로 화산 분화구처럼 꿈틀대기 시작한 것이다.

하지만 분노하는 한편 두려움도 크다. 분노하면서도 뭔가 큰일로 번지는 건 아닐까 두렵다. 그래서 이런 감정을 직접적으로 표현하지 못한다.

'너를 위해서'는 '너를 지배한다'는 의미

'마조히즘'은 상처받는 걸 감내하면서도 그 상처를 통해 인정과 사랑을 얻으려는 심리를 말한다. 때로는 자신을 희생하는 방식으로 타인에게 영향력을 행사하려는 무의식적인 감정 패턴이기도 하다.

마조히스트 성향이 있는 사람은 무의식적으로 타인에게 의존하려는 경향이 있다.[15] 이들의 의존성은 단순한 애정 욕구를 넘어 억눌린 분노와 적대감을 함께 품고 있는 경우가 많다. 의존성이 클수록 마음속의 불만과 적대감도 함께 자라난다는 것이다.

"네가 행복해진다면 엄마는 어떻게 돼도 괜찮아"와 같은 말은 얼핏 헌신처럼 들리지만, 그 안에는 억눌린 원망과 희생의 감정이 담겨 있다.[16] 마조히즘적인 이런 말은 상대를 학대하면서 쾌감을 얻는 사디즘이 사랑으로 변장한 모습이라고 볼 수도 있다.

연애나 육아에서 좌절을 겪은 사람들이 종종 내뱉는 "너만 행복하면 됐어"라는 말도 마찬가지다.

이 말은 겸손하거나 이타적인 표현처럼 보이지만, 사실은 강한 의존성과 상처받은 마음, 그리고 사랑받지 못했다는 절망이 뒤섞인 복합적인 감정의 표현이다.

이러한 관점에서 보면 '너를 위해'라는 말은 거짓말일 때가 많다.

사디스트는 사랑의 가면을 쓰고 등장한다.[17] '너를 위해'라고 말하면서 실제로는 상대방을 지배하려 든다.

아내가 남편에게 실망한 나머지 아들을 과도하게 소유하고 지배함으로써 보상받으려 하는 것도 사디즘적인 감정이다.[18]

사디스트는 상대방을 학대함으로써 자기 마음속 깊은 곳에 있는 의존적인 성향을 억누르려고 한다. 그래서 학대를 멈추면 오히려 불안해서 견디지 못한다. 겉으로는 사랑과 정의처럼 보이지만 무의식에는 증오가 자리하고 있다.

미국의 정신과 의사 카렌 호나이에 의하면, 많은 신경증 환자들은 자신을 '아무도 이해해주지 않는 신적인 존재'라고 믿는다고 한다. 자신은 너무나 특별한 존재라서 세상에 그 누구도 자신을 이해하지 못한다는 것이다. 그런데 아이러니하게도 실제 행동은 정반대다. 마치 버림받은 벌레처럼 자기를 비하한다.

신경증 성향을 가진 사람은 인정받고 사랑받고 싶어 하면서도, 세상 사람들은 자신을 이해하지 못한다며 적대적으로 행동한다. 그래서 타인을 밀어내고, 때로는 상처를 주기도 한다.

이러한 모순적인 태도는 의존성과 자기혐오, 그리고 인정 욕구 사이에서 끊임없이 흔들리는 내면의 갈등으로 생겨난다.

내가 정말 원하는 게 무엇인지 모를 때 가장 불안하다

절망적인 공허감은 꼭 어머니가 아니더라도 따뜻한 모성을 지닌 존재로부터 사랑받지 못했을 때 느끼는 깊은 상실감에서 비롯된다.

미국의 심리학자 에이브러햄 매슬로는 인간의 기본적인 욕구 가운데 하나로 '따뜻한 모성에 대한 갈망'을 꼽았다. 이 기본적인 욕구가 충족되지 못한 상태, 즉 따뜻한 돌봄과 정서적 연결이 결핍된 상태가 바로 신경증의 원인이다.

신경증은 단순한 불안이나 신경과민이 아니다. 그것은 억눌린 사디즘의 형태로 드러나기도 한다.

사디즘은 흔히 '타인을 괴롭히는 성향'으로 이해되지만, 그 깊은 곳을 들여다보면 '의존하는 대상에 대한 적대감'이라는 심리적 모순이 숨어 있다.

따라서 사디스트는 단순히 잔인한 사람이 아니라, 본질적으로는 사랑을 갈망하면서도 의존에 대한 분노와 수치를 견디지 못해서 상대를 공격하는 사람이다.

이들은 자기 내면의 갈등을 해소하기 위해 타인을 괴롭히지만 진정한 만족을 얻지 못한다. 왜냐하면 그들이 진정으로 원하는 것은 지배나 파괴가 아니라 사랑이기 때문이다.

그들의 공격성과 적대감은 사실 '사랑받고 싶다'는 간절한 마음의 왜곡된 표현이다. 그래서 그 분노는 일시적이지 않고 집요하며, 때로는 타인을 놓아주지 않고 계속해서 괴롭히는 방식으로 나타난다.

이러한 '의존적 적대감'은 겉으로는 분노의 형태를 띠지만 그 뿌리는 사랑에 있다.

그래서 이들은 '사랑받지 못한 고통'과 '사랑받고 싶은 욕망' 사이에서 끊임없이 흔들리며, 그 고통을 관계 안에서 재현하려 한다.

결국 신경증적 사랑의 경우 연인 중 한 사람 혹은 둘 다 어린 시절 부모 중 한 사람에게 품었던 기대, 두려움, 갈망을 현재의 연인에게 투영한다. 따라서 상대를 공격하고 집착하는 것을 사랑이라고 착각한다.[19]

미국의 심리학자 롤로 메이는 "불안한 사람의 내면에는 억눌린 적대감이 숨어 있다"고 말했다. 그 적대감은 종종 상대에게 의존하고 싶은 마음과 얽혀 있어 솔직하게 드러내지 못한다. 상대를 잃을까 봐 대놓고 미워하거나 화를 내지 못하는 것이다.

하지만 억누른다고 해서 사라지는 것은 아니다. 표현되지 못한 적대감은 불안으로 바뀌어, 언제 공격을 받을지 모른다는 긴장 속에서 살아간다. 그래서 불안한 사람은 끊임없이 누군가의 반응을 예의주시하고, 늘 방어적인 태도를 취한다.

이것이 바로 불안한 긴장감이다. 항상 마음이 편치 않고, 쉽게 잠들지 못하며, 늘 내면이 불안정하다.

그렇다면 불안은 어디에서 비롯되는 걸까?

불안은 억압에서 나온다. 다시 말해 '표현하지 못한 어떤 감정'을 억누를 때 불안감이 나타나는데, 가장 대표적인 것이 적대감이다.

그리고 또 하나는 억눌린 감정이다.

바로 따뜻한 모성을 지닌 어머니에 대한 갈망, 그 사랑을 받고 싶은 원초적인 욕구다.

불안한 사람은 자신이 따뜻한 사랑을 간절히 원하고 있다는 사실조차 모른다. 그 대신 자기 생각과 감정에만 몰두하며 점점 더 혼란스러워한다.

하지만 그러한 자기 집착도 사실은 따뜻한 사랑을 받고 싶은 마음이 다른 모습으로 드러난 것일 뿐이다. 결국 이들은 자기가 진짜로 원하는 게 무엇인지 알지 못한 채 불안만 커지고, 그 불안을 어떻게 다뤄야 할지도 모른다.

반면 자아실현에 이른 사람은 인간의 불완전함과 모순을 있는 그대로 받아들인다. 현실을 부정하지 않고, 자기가 할 수 있는 일에 집중하며 묵묵히 실천해나간다. 그리고 자신과 타인을 이상화하지 않고 있는 그대로 바라본다.

하지만 신경증적 성향이 강한 사람은 이상만을 좇을 뿐, 현실적인 노력은 기울이지 않는다. 이상과 현실을 끊임없이 비교하며 현실을 깎아내리지만, 정작 비판하는 자기 내면은 들여다보지 않는다.

그 결과 사랑처럼 보이는 말과 행동 뒤에 미움이 숨어 있고, 평화를 이야기하면서도 긴장과 불안을 퍼뜨린다.

결국 신경증적 성향이 강한 사람은 자신과 비슷한 내면을 지닌 사람과 끌리게 된다. 자신이 제대로 다루지 못한 감정을 상대에게 투사하며 서로의 불안을 자극하고 되풀이한다.

●

마음이 흔들리면
'사람을 알아보는 눈'이 흐려진다

　개인의 성격은 성장 과정에서 만나는 중요한 사람들, 특히 애착 대상과의 관계 속에서 형성된다. 건강한 가정에서 부모의 사랑을 충분히 받으며 자란 사람은 자신을 지지해주고 위로해줄 사람이 누구인지, 또 그런 사람을 어디에서 찾을 수 있는지를 자연스럽게 알고 있다.[20]

　건강한 가정에서 부모의 사랑을 받으며 성장한 사람은 상대방을 있는 그대로 볼 줄 안다. 누가 진실한 사람이고 누가 교활한 사람인지 구분할 수 있다. 부모의 사랑을 받으며 자란 사람의 가장 큰 자산은 바로 이런 판단력이다.

　사람을 판단하는 능력은 지지, 위로, 보호를 반복적으로 경험하면서 점차 완성된다. 그래서 성인이 되었을 때, 그런 사랑이 바탕이 된 세상 말고는 다른 세상을 상상하지 못한다.

좋은 이웃들 속에서 자란 사람은 어디로 이사를 가든 좋은 이웃을 만날 거라고 자연스럽게 믿는다. 현실이 늘 이상적이지만은 않지만 어려움이 닥쳤을 때, 언제 어디서든 자신에게 도움의 손길을 내밀어줄 믿을 만한 사람이 항상 존재한다고 무의식적으로 믿는다.

그래서 공포나 위기 상황에 직면했을 때 신뢰할 수 있는 사람을 찾아내 도움을 요청하는 능력이 뛰어나다.

이것이 바로 사람을 꿰뚫어 보는 힘이며, 세상을 살아가는 데 가장 중요한 능력 중 하나인 '사람을 알아보는 눈'이다.

곤란한 상황이 닥치면 걱정으로 잠 못 이루거나 불면증을 겪는 사람들은 애착 대상을 신뢰하지 못하는 환경에서 성장했을 가능성이 크다. 이런 사람들은 신뢰할 만한 사람을 찾는 데 어려움을 겪는다.

'교활한 사람은 약한 사람을 본능적으로 알아본다'는 말처럼, 무관심한 부모 밑에서 자란 사람 주변에는 교활한 사람들이 모여 있는 경우가 많다. 건강한 가정에서 자란 사람은 설령 교활한 사람을 만나더라도, 현명하게 대처할 수 있는 힘이 있다.

두려움에 익숙해지면
습관이 된다

　상대의 위협에 약한 사람은 어릴 적부터 위협을 경험하며 자란 경우가 많다. 위협 때문에 말을 잘 듣고, 위협 때문에 공부를 하며, 또 위협 때문에 집안일을 도왔다. 쉽게 말해 위협당하면서 '착한 아이'가 된 것이다. 이렇게 자란 '착한 아이'는 결국 위협에 약한 어른이 된다.

　어린 시절 권위적이고 무서운 아버지를 두려워하는 것은 어느 정도 이해할 수 있다. 신경질적인 어머니에게 두려움을 느끼는 것도 어쩔 수 없다.

　하지만 어른이 된 후에도 약한 사람의 위협에 지나치게 두려움을 느끼는 것은 문제가 된다. 작은 위협에도 두려움을 느낀다면, 자신이 어린 시절에 어떤 사람들과 어떤 관계를 맺으며 살아왔는지 돌아볼 필요가 있다.

　스스로가 늘 위협 속에서 살아왔다는 사실을 깨닫게 될지도 모른다. 어릴 때는 강하고 무서워 보였던 사람이 실제로는 힘없고 나약한 존재일 수 있다는 사실도 알게 된다. 그런데도 여전히 위협에 약한 모습을 보일 수 있다. 머리로는 '이제 두려워할 필요 없다'는 것을 알면서도 계속 두려움을 느끼는 것이다.

이런 상태를 '감정 습관병'이라고 부른다. 어린 시절부터 반복된 위협과 두려움이 뇌 속에 '두려움을 느끼는 회로'를 만들어버린 것이다. 불필요한 두려움이 계속 습관처럼 떠올라서 불안함을 느낀다.

습관처럼 떠오르는 감정이 내 인생을 지배한다

상대의 호감을 얻으려고 양보했다가 기대한 대로 되지 않으면 오히려 불만을 품고 상대를 싫어하게 된다.

애초에 호감을 사려는 목적을 가지고 양보한 것이기에 양보한 사실 자체만으로도 기분이 좋지 않아서 이중으로 불만을 품게 된다.

호감을 얻으려는 마음을 갖고 있으면 상대방의 마음을 오해하게 된다. 양보할 필요가 없는데 양보하고서는 고마워하지 않는다고 불만을 품는다.

그렇게 계속 자신만 양보한다는 기분이 들다 보면, 결국 모든 사람이 싫어지고 만다. 하지만 이런 상황은 자기 혼자 만들어낸 심리극이라고 할 수 있다.

타인의 진심에 대한 오해는 다양한 방식으로 나타난다. 예를 들어 누군가 가볍게 던진 말을 혼자 심각하게 받아들이는 경우가 있다. 이런 반응은 과거에 아버지의 말이라면 어떤 것이든 무겁게 받아들여야만 했던 경험에서 비롯된다.

또 다른 예로 단순한 질문조차 명령이나 간섭으로 받아들이는 경우도 있다. 이 역시 아버지가 지속적으로 정서적 심리적 폭력을 행사하며 아이를 지배하려 했던 경험과 연결되어 있다.

아이의 입장에서 보면 자신은 늘 통제당했고 억압을 견뎌야만 했다. 이처럼 폭력적이거나 냉소적인 부모는 아이만 싫어한 것이 아니라, 누구와도 깊은 관계를 맺는 것을 싫어했을 가능성이 크다. 다른 사람을 전반적으로 불신하고 거부하는 성향이 강한 사람일 수 있다.

그런 부모 밑에서 자란 아이는, 어른이 되어서도 무의식적으로 '사람들은 나를 싫어한다'는 감정 습관을 계속 유지하게 된다.

그리고 타인의 말이나 행동을 지배나 간섭으로 오해하고,

불쾌감을 느끼며 방어적인 태도를 취하는 경우도 있다.

지배와 속박은 누구에게나 불편하고 고통스러운 일이다. 하지만 이런 사람은 다른 사람들에게 상처받을 것이라는 잘못된 정보가 이미 뇌에 각인되어 있다.

물론 직장에서는 각자의 역할이 정해져 있기 때문에 최소한의 관계는 유지할 수 있다. 하지만 이웃이나 친구처럼 역할이 명확하지 않은 관계에서는 점점 불편함을 느끼고, 결국 자기 혼자만의 세계에 틀어박힌다.

상대방이 압박을 주지 않는데도 압박을 느끼는 경우도 있다. 심지어 호의로 대하는 말에도 두려움을 느낀다. 상대방의 제안을 명령으로 받아들이고 뭔가 요구하지 않을까 두려워한다. 매사에 두려워하는 사람과는 관계를 맺기 힘들다. 호의를 호의로 받아들이지 않기 때문이다.

몸에 안 좋은 것이 나쁜 생활 습관이라면 마음에 안 좋은 것은 이러한 감정 습관이다.

미움받지 않으려 할수록
나는 점점 사라진다

모든 사람에게 잘 보이고 싶은 마음으로 행동한다면 세상에 대한 흥미를 잃어버린다. 개나 고양이를 좋아한다든가, 뭔가 다른 것에 흥미가 생기지 않는다.

오직 남에게 잘 보일 수 있는 것에만 흥미를 갖게 된다. 사계절이 있는 나라에 있든, 항상 더운 나라에 있든 상관없다. 그저 남에게 잘 보이려는 생각뿐이다.

그것이 살아가는 의미가 된다. 문제는 사람들에게 점점 더 잘 보이고 싶어 하지만 모든 사람에게 잘 보일 수는 없다는 것이다. 그러다 보면 결국 사람을 싫어하게 되는 악순환에 빠진다.

사람들에게 잘 보이지 않으면 아무런 의미가 없다. 하지만 그런 세상은 그야말로 지옥일 뿐이다.

이런 모순에서 빠져나오기 위해서는 혼자만의 세상에 틀어박히는 수밖에 없다. 굳이 할 필요 없는 일을 하고는 혼자 불만을 품는다.

그 뿌리는 아버지에게 미움받을지도 모른다는 두려움이다.

그로 인해 결국 자신의 의지를 잃어버리게 된다. 아버지에게 혼났던 경험이 감정 습관이 되어 다른 의견을 말하지 못한다.

사실 아버지에게 혼났던 것이 아니다. 아버지는 자신의 분노를 외부로 표출했을 뿐이다. 그 사실을 깨닫지 못한다면 남에게 잘 보이고 싶은 감정에 내몰려서 스스로를 더욱 외롭게 만들 뿐이다.

실패를 인정하는 순간
다시 일어설 힘이 생긴다

지금 괴로움을 견딜 힘이 없다고 해서 자책할 필요는 없다. 지금까지 살아온 인생은 권위와의 싸움이었는지도 모른다. 아마도 권위적인 부모 밑에서 자랐기 때문에 자아실현을 이루지 못했을 가능성이 크다.

자신도 모르게 순응하는 태도가 몸에 배어 있을 수 있다. 하지만 그건 싸우지 않아서가 아니라, 어떻게든 살아남기 위해 몸에 익힌 방식일 뿐이다.

싫어하는 공부를 20년이나 하고도 무너지지 않았다는 것은 오히려 그만큼 강인한 사람이라는 뜻이다. 그 긴 시간 동안 자신의 마음을 억누르며 버텼다면 이상해지는 것이 당연하다. 그런데도 지금까지 버티고 살아왔다는 것 자체가 대단한 일이다. 심리적으로 안정되어 있었다면 무척 대단한 일을 해냈을 것이다.

하고 싶지 않은 일을 "하고 싶지 않다"라고 말하고 실제로 하지 않는 것은 문제되지 않는다. "가고 싶지 않다"고 말하고 실제로 가지 않는 것은 아무 문제가 없다. 가고 싶지 않은데 "가고 싶다"고 말하고 실제로 가는 것이 오히려 문제다.

이를테면 정치에 흥미가 있고 좋아하는데 정치가 싫다는 생각을 강요받으며 살아온 것이다.

미움받을까 봐 두려운 마음에 혹은 잘 보이기 위해 싫어하는 것을 최선을 다해 열심히 한 것이다. 이 때문에 마음은 엉망진창이 되고 만다.

괴팍한 사람에게 잘 보인다고 해서 좋은 일이 일어날 리 없다. 괴팍한 사람에게 미움받는다고 해서 곤란한 일이 생기지도 않는다. 그런데도 괴팍한 사람에게 최선을 다해 잘 보이려고 무리하다 자기 몸을 망가트리고 만다.

자기 인생은 실패했다고 인정하면 바로잡을 수 있다. 그것을 인정하지 않으면 불안한 긴장감 속에서 벗어날 수 없다.

사회적으로는 성공했지만, 자기 자신에게 절망하는 사람들이 있다. 정말로 불행한 사람은 싫어하는 일로 성공한 사람이다.

하지만 그 사실을 인정하면 바로잡을 수 있다. 인정하는 데 정해진 때란 없다. 어쩌면 지금이 가장 좋은 때인지도 모른다.

사회적으로 성공해서 출세하고 명성을 얻는 일과 진정한 내면의 성장을 이루는 일은 전혀 다른 차원의 이야기다. 돈, 지위, 명성은 타인이 주는 것이지만, 마음의 평안과 진정한 자기 이해는 오직 자신만이 만들어갈 수 있다.

●

"왜?"라고 물어볼 수 있는 사람이 주위에 없다는 것

오리슨 S. 마든은 "미국의 위대한 인물은 모두 통나무 오두막집에서 태어나는 것 같다"라고 썼는데, 오두막집에서 태어났다 하더라도 마음속에 신이 깃들어 있다면 성에서 태어난 것보다 더 행복하지 않을까.

오두막집에서 편안하게 지내는 아이와 성에서 불안과 긴장 속에 지내는 아이 중 더 행복한 아이는 분명 오두막집에 사는 아이다.

함께 있으면 마음이 편안해지는 사람이 있다. 어릴 때 "왜?"라고 편하게 물을 수 있는 사람이 곁에 있었다면 그 아이는 강인한 사람으로 성장할 수 있다.

성장기에 편안함을 느낄 만한 사람이 곁에 없었던 사람은 나약한 어른이 된다. 자기 약점을 신경 쓰거나 약점을 숨기지 않아도 되는 사람이 없었던 것이다.

애착 대상에게 신뢰를 느끼면서 성장한 사람은 의지할 만한 사람이 없다는 사실이 살아가는 데 얼마나 큰 압박감으로 다가오는지 쉽게 이해되지 않을 것이다.

자신이 못생겼다는 열등감에 괴로워하던 어느 아름다운 여성은 어머니에게서 "넌 못생겼어"라는 말을 들으며 자랐다. 그런데 못생겼다는 열등감은 바로 어머니가 가지고 있었던 것이다.

그녀는 주변 사람들에게 "아름답다"는 말을 들었을 것이다. 하지만 어머니가 중요한 타자라면 다른 사람이 하는 말을 사실로 받아들이지 못한다. 다른 사람이 어떤 말을 하든 믿지 않는다. 머릿속에 기억으로 남을 수는 있어도 감정적으로 반응하지는 않는다.

열등감은 사실과는 상관없는 것이다. 부모가 자신의 문제를 아이에게 투영해서 비난하면 아이는 열등감을 느끼게 된다. 그렇다면 반복해서 자기 자신에게 같은 말을 들려주면 새로운 회로가 생겨날 수 있다. 사람은 중요한 타자가 자신에게 어떻게 반응하는지에 따라 자아를 형성한다.

다른 사람은 똑똑하지 않아도 사랑받는데 자신은 똑똑하지 못하면 사랑받지 못할 거라고 믿는다. 자신은 이러이러해야만 사랑받을 수 있다고 믿는다.

이럴 경우 난 사랑받을 가치가 있다고 스스로 반복해서 들려준다면 새로운 회로가 생겨날 수 있다.

나만의 살아가는 방식이 없을 때 마음이 흔들린다

과거에 겪은 트라우마(정신적 외상)는 우울증을 유발하거나 극단적인 자해 행동이나 타인을 향한 학대로 이어질 가능성이 높다.

트라우마를 경험하고 나면, 자기 자신에 대한 평가가 지나치게 낮아지고, 감정적인 고통이 신체 증상으로 나타나는 신체화(somatization)가 자주 나타난다. 또한 내면에 공격성이 쌓여 자신이나 타인을 향한 분노로 표출되기도 한다.

특히 사랑과 증오처럼 서로 반대되는 감정이 동시에 얽힌 관계를 상실했을 때 큰 상처를 받는다. 이런 감정은 주로 어린 시절 부모와의 관계에서 비롯되는데, 그 관계가 갑작스럽게 끊어졌을 때(예를 들어 부모를 잃었을 때) 상실감은 더 깊고 복잡하다.

그만큼 마음의 상처도 크게 남아서 종종 심각한 우울증으로 이어지기도 한다.

어린 시절 겪은 트라우마는 시간이 흐를수록 누적되어 성격을 형성하는 데 큰 영향을 미친다.

트라우마가 남기는 첫 번째 영향은 불안이며, 사랑하는 대상을 잃었을 때 가장 먼저 찾아오는 것이 우울증이다. 하지만 실제로는 불안과 우울이 뒤섞여서 나타난다. 애착 대상을 잃고도 슬픔을 충분히 애도하지 못하면 우울증으로 이어질 수 있다.

활기 넘치면서도 안정된 마음으로 공부하려면 어떻게 해야 할까?

사람은 뚜렷한 목적이 생기면 마음이 안정된다. 마음이 안정되지 않으면 공부에 집중할 수 없다. 자신만의 중심축이 없으면 마음이 불안해진다. 자신만의 중심축이란 그 사람이 살아가는 방식을 말한다.

마음이 안정된다는 것은 자신과 타인을 비교하지 않는다는 뜻이다. 왜냐하면 자신만의 기준이 있기 때문이다. 따라서 목적이 필요하지만 그 목적을 잘못 설정하면 안 된다.

무엇을 하든 의욕이 생기지 않는 이유는, 어린 시절 좋아하는 사람에게 기대한 만큼 인정받지 못했기 때문인지도 모른다. 함께 있어주길 바랄 때 그 사람이 곁에 있어주지 않았던 것이다. 그러한 절망이 마음속에 쌓여 있다.

자신을 믿기 위해서는 자기 마음속 깊이 쌓여 있는 절망을 알아차리는 일이 중요하다.

"엄마, 날 봐주세요. 나만을 위한 엄마가 되어주세요"라고 마음속으로 외쳤지만, 엄마가 봐주지 않은 경험이 쌓였을지도 모른다.

그러다 어느 순간 그렇게 외치는 것조차 그만두게 된다. 아무리 외쳐도 소용없다는 사실을 깨닫고 깊은 절망을 느꼈을지도 모른다.

그런 사람이 활기차고 솔직해질 수는 없다.

왜 의욕이 생기지 않는 걸까? 왜 자신을 믿지 못하는 걸까? 왜 활기차게 살아가지 못할까? 왜 실제로 변하지 못하는 걸까?

이럴 때는 왜 마음을 닫아버렸는지 스스로 분석해봐야 한다. 그리고 그러한 마음을 나눌 수 있는 친구가 필요하다. 안정된 마음으로 공부하려면 마음이 가벼워야 한다. 그러기 위해서는 마음속에 담아두었던 이야기를 털어놓아야 한다. 가벼운 심리 상태가 바로 중심축이 되어 내 마음이 무너지지 않게 지탱해준다.

●

살아온 인생은
편도체에 새겨진다

미국의 정신과 의사 노먼 E. 로젠탈은 무의식을 바람 같은 것이라고 말한다.

바람은 눈에 보이지는 않지만, 흔들리는 나뭇가지를 보면 어느 방향에서 불어오는지는 알 수 있다.[21] 이처럼 타인이 나에게 보여주는 태도에서 무의식이 드러난다.

"너를 위해서야"라는 말을 자주 하는 사람은 상대방에게 생색을 내면서 자신의 존재 가치를 보여주려 한다. 자신감이 없기 때문에 자신의 가치를 상대에게 주입시키는 것이다.

하지만 그런 말을 하면 할수록 그 사람의 존재 가치는 오히려 가벼워진다.

생색내기를 좋아하는 사람은 스스로 가치가 없는 존재라고 생각하며 분노와 괴로움으로 가득 차 있는 경우가 많다. 이들은 인간관계에서 과거에 채우지 못한 것들을 보충하려는 심리를 가지고 있다. 특히 '안전해지고 싶다'는 욕구가 지나치게 클 경우 다른 욕구들을 억눌러버리기도 한다.

전쟁터에서 어머니를 부르며 죽어가는 병사가 있다. 그런 사람은 살아 있을 때 마음의 버팀목이 되어준 존재가 있는 것이다. 하지만 모든 사람에게 그런 어머니가 존재하는 것은 아니다.

마음의 버팀목이 되는 '어머니'가 없는 사람의 편도체는 과도한 각성 상태에 있을 가능성이 있다. 그만큼 마음이 안전하지 못한 상태에 머물기 쉽다.

현재의 자신은 과거의 집약체라고 할 수 있다. 그러므로 아무리 노력해도 자신을 단번에 바꾸는 것은 불가능에 가깝다. 단번에 강인한 사람이 될 수는 없다. 하루하루 조금씩 쌓아갈 수밖에 없다.

인생은 얼굴에도 새겨지지만 마음에도 새겨진다. 그 사람의 인생은 그 사람의 편도체에 새겨져 있다.

화를 내고 있지만
사실 떨고 있는 것

학교에 가지 않으려는 아이 때문에 상담하러 온 부모에게 "부부 관계는 어떠세요?"라고 물으면, "아니요, 아이의 등교 거부 때문에 왔습니다"라고 말한다.

아이가 학교에 가지 않으려고 한다면 어머니와 아버지의 불화가 '등교 거부'라는 현상으로 나타났는지도 모른다.

겉으로 드러난 아이의 등교 거부에 대해서만 논의하는 것은 병렬 왜곡과 유사한 접근이다. 아이가 학교에 가지 않는 것 자체에 문제의 본질이 있는 것이 아니다. 문제에 대응할 때는 핵심을 들여다봐야 한다.

예를 들어 가난한 친구를 괴롭히는 아이가 있다. 그 아이는 돈만 있으면 행복하다고 믿으며 돈에 집착한다. 아이가 아버지에게 "돈도 못 벌면서!"라고 고함쳐도 부모는 아무런 대응도 하지 않았다.

물론 이렇게 반항하는 아이와 싸우려면 굉장한 에너지가 필요하다. 하지만 소란을 피우는 아이의 마음속에 있는 핵심을 들여다보아야 한다.

집에서는 이렇게 소란을 피우지만 또래 집단에서는 친구들이 돈을 달라고 하면 겁을 먹고 고분고분 내준다. 아이는 부모가 어떤 것을 두려워하는지 알면 그것을 가지고 부모를 협박하려 들 수 있다.

에너지가 고갈된 부모는 사실은 아이가 떨고 있다는 사실을 알아차리지 못한다. 아이와의 갈등을 피한다고 해서 문제가 해결되는 것은 아니다. 사실 부모와 아이 모두 내면의 힘이 약하다.

부모는 겉으로 드러난 폭력적인 행동만 볼 뿐 아이가 내면 깊은 곳에서 두려워하고 있다는 사실을 보려 하지 않는다.

오히려 '아이가 힘들어도 괜찮다'는 마음으로 냉정하게 대할 때 아이는 다시 일어설 계기를 찾게 된다.

●

시간이 지나면
실패도 추억이 된다

걱정되거나 불안할 때, 우리는 보통 '생각하지 말아야지' 하면서도 계속 같은 생각을 반복하게 된다. 낮이든 밤이든 문득 문득 시간이 허무하게 흘러간다는 생각에 사로잡히고 불안과 걱정은 점점 커져간다.

그러면 걱정은 눈덩이처럼 불어나서 마음을 무겁게 짓누르고 실제로 일어날 것처럼 느껴진다. 억측이 점점 그럴듯해지고 현실처럼 다가온다. 그럴수록 마음은 더 초조해지고, 결국 두려움까지 밀려온다.

이럴 때는 먼저 스스로에게 물어야 한다.

'왜 나는 지금 마음의 문을 닫고 있을까?'

그 이유를 차분히 들여다봐야 한다.

행복은 고민 속에서 찾아낼 수 있다. 물론 너무 애쓰다 지치고 좌절을 겪을 수도 있다. 하지만 그 시간을 지나고 나면 어느 순간 불현듯 찾아오는 기쁨을 맛보게 된다.

깊이 고민하는 사람일수록 삶을 향한 열망도 크다.

시간이 흐르고 나면, 그때의 실패는 실패가 아니었다고 느껴질 때가 온다. '그때 그 고민만 없었더라면……' 하면서도 정작 그 고민에 사로잡혀 하루를 보내곤 한다.

이도 저도 아닌 것 같고 계속해서 생각만 많아진다. 문제는 부모조차 그런 상황을 제대로 보지 못하고 "넌 자유롭게 잘 자랐잖아"라고 말한다.

부모가 자신이 자녀에게 어떤 영향을 주었는지 알아차리지 못하는 것은 현실을 직시하지 않으려는 심리적인 방어 때문이다.

왜 어떤 부모는 아이의 불행을 인정하지 못할까? 그건 바로 부모로서 자신의 가치가 부정당할까 봐 두렵기 때문이다. 자신이 틀릴 수도 있다는 사실을 받아들이기 어려운 것이다.

내가 '나'이기를 바라는 사람들이 곁에 없을 때

어릴 적 아버지나 어머니가 싫었다고 말하는 사람이 있다. 하지만 그런 사람조차 막상 그 감정을 제대로 느껴본 적은 없을 수 있다.

입으로는 "부모님이 차가웠어요", "거짓말을 자주 했어요"라고 말하지만, 정작 '그래서 나는 부모님이 싫었다'는 감정을 진심으로 느끼거나 인정하지 못한다. 하지만 그런 감정까지 의식화하지 못하면 문제를 해결할 수 없다.

학교에 다닐 때 싫어하는 사람들에게 둘러싸여 살아왔으면서도 그 사실을 알아차리지 못한 채 어른이 된다면 사는 게 즐겹지 않고 피곤하고 괴로운 것은 어쩌면 당연한 일이다.

자신이 싫어하는 사람들에게 둘러싸여 살아가고 있다는 비참한 상황을 의식하는 것을 금지하고 있는 것이다. 이런 사람들은 실제로 느끼는 감정과 정반대 감정을 느낀다고 믿어야 살아갈 수 있다.

싫어하는 사람들에게 둘러싸여 있으면서, '좋아하는 사람, 멋진 사람'과 함께 있다고 믿는다. 그것이 '행복'이라고 억지로 믿으며 살아간다.

싫어하는 집에서 눈을 뜨고 싫어하는 집을 나와 싫어하는 학교로 향한다. 그리고 싫어하는 사람이 있는 집으로 다시 돌아온다. 싫어하는 사람을 돕고 싫어하는 사람과 밥을 먹는다.

초등학교, 중학교, 고등학교 시절 내내 싫어하는 사람이 있는 학교에 간다. 어릴 때부터 어른이 될 때까지, 어딜 가든 싫어하는 사람들 속에서 살아간다. 그렇게 살아가다 보면 마음은 점점 지쳐간다.

그렇게 착한 아이가 되고 결국 자기의 진짜 감정을 잃어버린다. 사회적 성공만을 중요하게 여기면서 말이다.

그에 반해 신경증적 성향이 강한 부모는 아이에게 집착하며 독점욕을 보인다. 부모의 욕구나 필요를 채우기 위해 자란 아이는 정서적 어려움이나 심리적 고통에 빠지기 쉽다.

부모가 자기 내면의 문제나 갈등을 해결하지 못한 채 괴로워하고 있을 때, 그 고통을 스스로 감당하지 못하고 아이에게 넘기거나 끌어들이면, 그 순간부터 부모는 아이를 돌보고 보호하는 제 역할을 하기 어렵다.

이런 부모는 아이가 자신 이외의 다른 사람과 깊이 교류하는 것을 방해한다. 그런 환경에서 자란 사람은 스스로 이유를 모른 채 누군가와 함께 있으면 불안해한다. 그리고 집에서도 마음 편하게 있지 못한다.

싫어하는 부모와 집이라 해도 자신이 '싫어한다'는 것을 알았더라면 새로운 길을 찾을 수 있었을 것이다.

어린 시절 자기 주변에 있던 사람들은 본래의 자신과 다른 사람이 되길 원하고 강요했다. 그리고 주변 사람들에게 인정받기 위해 실제로 본래의 자신과 다른 사람이 됐다. 이런 환경에서 자란 사람은 어른이 되어서도 늘 미움받는 것을 두려워하며 살아간다.

자신이 느끼는 것과 생각하는 것을 매번 희생하고 스스로를 속이면서 살아온 그들은 자신이 어떤 사람인지조차 모른다. 자신이 좋아하는 사람들과 관계를 맺으며 살아온 사람과는 전혀 다른 인간이 되고 만다.

착한 아이는
무기력한 어른이 된다

자폐증에 관한 논문 〈'우울성 자폐'에 관하여〉[22]에서는 우울증 전(前) 단계의 특징으로 모두에게 잘 보이려는 성향과 타인과의 상호 교류가 거의 없다는 점을 꼽는다.

모두에게 잘 보이려는 사람은, 다른 사람들을 하나하나 다른 인격을 가진 존재로 보지 못한다. 자신의 이미지나 평가에만 신경 쓰다 보면, 상대방이 어떤 생각과 감정을 가진 사람인지 깊이 들여다보지 못하는 것이다.

사람과 사람 사이의 관계는 자기중심적인 태도를 내려놓고 상대방도 나와 같은 '한 사람'임을 인정할 때 비로소 시작된다.

나의 아버지는 종종 우울한 얼굴로 물건을 내던지며 "난 가족을 너무 사랑해"라고 소리쳤다. 그 말은 사랑의 표현이 아니라 해소되지 않은 감정과 억눌린 분노가 담겨 있었다.

아버지가 어린 시절 어머니를 온전히 독차지하지 못했다는 상실감을 솔직하게 마주하고 인정했더라면 상황은 훨씬 달라졌을지도 모른다.

어린 시절 어머니와의 관계에서 참고, 견디고, 억눌러야 할 일이 많았고 그 감정을 마주하지 못했다면 타인과의 관계에서 진정한 교류가 어려울 수 있다.

어머니를 독점하지 못했다는 것은 단순히 어머니가 집을 자주 비웠다는 뜻이 아니라 더 깊은 결핍, 즉 정서적으로 연결되지 못했다는 의미다.

그런 정서적 결핍 속에서 아이는 어떻게든 사랑받기 위해 '착한 아이'가 되려고 노력한다. 이런 아이들은 부당한 대우를 받아도 화 한 번 내지 못하는 어른으로 자란다.

자신이 무기력한 이유를 스스로 깊이 생각해보자.

어릴 때 "엄마! 오늘 줄넘기 100번이나 했어!" 하고 자랑스럽게 말했다. 하지만 그때 어머니가 "바보, 그걸로 명문대학에 들어가는 것도 아닌데 뭐 이리 호들갑이야?"라든가, "그럴 힘이 있으면 공부에 좀 써봐!"라고 말해 아이에게 깊은 상처를 남겼다.

자랑스럽게 여긴 일을 부정당했을 때 그 상처는 무척 깊이 새겨진다.

중요한 것은 자기 운명을 받아들이는 일이다.

계속 부모를 탓하는 한 시간이 흘러도 심리적으로 성장할 수 없고, 지금 하는 고민에서 벗어나지 못한다.

이 세상에 완벽한 부모는 없다. 그저 조금 더 괜찮은 부모가 있는가 하면, 조금 더 부족한 부모가 있다. 어차피 우리는 부모를 선택해서 태어날 수 없다.

그러니 지금의 내 인생에 영향을 준 것들이 무엇인지 있는 그대로 인정하는 게 필요하다.

"아, 이게 바로 내 인생이구나" 하고 받아들이는 것이 출발점이다.

그리고 자신을 다른 사람과 비교하는 걸 멈춰야 한다. 각자 처한 환경과 운명이 다르기 때문에 비교하는 것은 아무 의미가 없다.

●

그때 참지 않았다면
지금 힘들지 않았을 것이다

안정된 가정에서 자라 부모에게 분노를 느껴본 적 없는 아이, 부모에게 분노를 느끼고 그것을 솔직하게 표현한 아이, 그리고 그 분노를 꾹꾹 억누르며 살아온 아이는 전혀 다른 성격과 감정 패턴을 가지고 성장한다.

그런데 우리는 그 다름을 잊은 채, 모두가 비슷하게 행동하고 느낄 거라고 생각하며 살아간다. 이런 오해가 인간관계를 어렵게 만들고, 때로는 사람 사이를 어긋나게 한다.

사람마다 일상을 살아가면서 느끼는 감정은 저마다 다르다. 겉으로는 같은 상황처럼 보여도, 그 안에서 들끓는 감정의 크기와 결은 각자 다르다.

그래서 자신과 타인은 애초에 비교할 수 없는 존재다. 같은 부탁을 해도, 그것을 실행하는 데 드는 에너지와 용기 또한 사람마다 완전히 다르다.

누군가에게는 아무렇지 않은 일이, 어떤 이에게는 하루치 기운을 다 쏟아야 하는 일일 수 있다. 몸은 어른이지만 마음은 여전히 어린아이인 사람도 있다.

그런데 많은 사람들이 자신의 심리적 나이를 잊은 채 살아간다. 때론 활기 넘치는 젊은이와 지친 노인이 같은 선상에서 경쟁하려 들기도 한다. 그러다 보니 뜻대로 되지 않는 현실 앞에서 쉽게 지치고 우울해진다.

항상 웃으며 살고 싶어도 그것을 어느 정도 실행할 수 있는 사람과 아무리 노력해도 실행할 수 없는 사람이 있다. 외부에서 보면 같아 보여도 마음속은 완전히 다르기 때문에 '저 사람처럼 항상 웃으며 살고 싶어', '저 사람처럼 마음의 동요가 없는 사람이 되고 싶어'라고 생각해도 그렇게 되기는 쉽지 않다.

오랜 세월에 걸쳐 '진짜 나'를 조금씩 알아가면서 꾸준히 노력해야 하는 일이다.

어떤 사람에게는 아무렇지 않은 일도, 어린 시절 부모를 향한 분노를 억압하며 살아온 사람에게는 믿기 어려울 만큼 큰 노력이 필요한 일일 수도 있다.

어른이 된 후 그 사람이 어떤 성격을 가지게 될지는, 어릴 때 마음속 깊이 눌러놓았던 적대감과 상처가 어떻게 작용하고 있는가에 달려 있다.

많은 사람들이 심리적으로 안정된 사람을 보면 '나도 저 사람처럼 되고 싶다'고 생각한다. 하지만 그렇게 바란다고 해서 쉽게 변할 수 있는 건 아니다.

억눌렀던 감정은 쉽게 사라지지 않는다. 그 감정을 돌아보고, 이해하고, 받아들이는 과정을 거쳐야 비로소 조금씩 변화가 시작된다.

미국의 심리학자 마틴 셀리그먼은 "어머니를 잃은 아이는 단순히 사랑만 빼앗긴 것이 아니다. 그 아이는 인생에서 가장 중요한 문제에 제대로 대응할 수 없는 사람이 된다"[23]라고 말했다.

첫 번째 애착 대상인 어머니가 없는 경우에는 성장하고 변화하는 힘이 크게 약해진다. 어머니가 없다는 사실은 아이가 안기고 싶을 때 꼭 품에 안아주고 함께 있어줄 사람이 없다는 뜻이다. 아이가 기쁘거나 웃어도 그 감정에 반응해주는 사람이 없다는 의미이기도 하다.[24]

이처럼 성장 과정에는 큰 어려움과 결핍이 있을 수 있다. 하지만 역경을 극복하며 한 걸음씩 나아가는 삶이야말로 행복한 삶이다. 역경이 전혀 없는 인생이라고 해서 행복한 것은 아니다.

비록 실어 나르는 힘이 적고 거리는 짧을지라도, 때로는 개미의 작은 걸음이 코끼리의 큰 걸음보다 더 큰 결과를 만들기도 한다.

"어려움을 극복하는 과정은
용기와 자존감, 그리고
진정한 자신을 깨닫는 일이다.
어떤 상황 자체가
나를 규정하는 것이 아니라,
내가 그 상황에
어떤 의미를 부여하느냐에 따라
삶이 만들어진다."

알프레드 아들러

마음이 흔들릴 때는
외면하지 말고 귀 기울여라.
흔들린다는 것은 그만큼 오래 견뎌왔다는 것.
불안과 두려움 속에서도
나를 붙잡고 회복으로 나아가는 것은
결국 나 자신이다.

3장

흔들리는 마음에 응답하라

버텨온 나에게 필요한 건
성공이 아닌 회복

어릴 때부터 스트레스가 많은 인간관계 속에서 살아왔거나, 반복된 좌절과 지침 속에 우울감을 느끼는 사람이라면 이렇게 생각해보자.

"나는 지금 강제수용소에서 가까스로 살아남아 돌아온 사람이다."

그만큼 혹독한 환경 속에서 버텨왔다는 의미다. 어릴 적부터 파괴적인 메시지를 끊임없이 들어온 것과 다름없으니 이제는 자신에게 이렇게 말해준다.

"이제 좀 쉬어도 돼. 그동안 정말 수고 많았어."

이 말 한마디로 충분할 때가 있다. 그렇게 잠시 멈추고 회복하면 되는데, 오히려 많은 사람들은 그 상태 그대로 또다시 '사회적 성공'을 향해 달린다.

그러면 마음은 결국 무너질 수밖에 없다. 마치 헤엄칠 힘이 전혀 없는데도 수영 선수가 되겠다고 물속으로 뛰어드는 셈이다.

이미 한계에 도달해 마음이 '패닉 상태'에 빠진 사람들도 있다. 마음속 경보기가 울리고 있는데도 멈추지 못한 채 살아가는 사람들이다.

예를 들어 우울증으로 힘들어하면서도 약의 부작용이 두려워 복용을 거부하는 사람도 있다. 이들은 단순히 의지가 부족해서가 아니다. 그들의 내면에는 '기억 속에 얼어붙은 공포'가 있기 때문이다.

이런 공포를 직접 경험해보지 않은 사람은 왜 그렇게까지 힘들어하는지 이해하기 어렵다.

심지어 "이렇게 해보는 게 좋지 않을까?"라는 조심스러운 제안조차 그들에게는 위협적으로 느껴진다. 그 제안을 실행하기조차 너무 두렵기 때문이다.

하나의 사건이 얼마나 큰 영향을 미치는가는 사람마다 다르다. 예를 들어 마음의 저장고가 '기억 속에 얼어붙은 공포'로 가득 찬 사람은 부작용이 두려워 약을 먹지 못한다. 반면 어떤 사람은 약의 효과를 기대하며 기꺼이 먹는다.

의사가 똑같이 설명한다 해도 사람마다 다르게 받아들인다. '기억 속에 얼어붙은 공포'가 축적된 사람에게는 "주의하지 않으면 이렇게 됩니다"라는 한마디가 엄청난 공포감을 불러일으킨다. 이들은 별것 아닌 사소한 일도 큰일이라도 난 것처럼 받아들이고, 가능성이 희박한 사건이 자신에게 일어날 것만 같다.

실제로는 큰일이 아닌데도 심리적으로 크게 느껴지다 보면 자신에게는 큰일이 되어버린다.

예를 들어 말이 잘 나오지 않아 더듬거리는 습관이 있는데 야단을 맞는다면 항상 불안한 긴장감 속에 있게 된다. 그러다 보면 말을 더듬는 일이 큰일이 된다.

실수는 혼자 있을 때가 아니라 대인관계의 틀 안에서 일어난다. 별일 아닌 일도 상대가 지적하면 실수가 된다. 사실 매일 일어나는 일들은 그다지 큰 문제가 아니다. 실수해도 대부분의 사람들은 대수롭지 않게 여긴다.

그런데도 마음속에 공포가 쌓인 사람은 작은 실패나 실수 하나에도 세상이 무너지는 것 같은 두려움을 느낀다. 실제보다 훨씬 크게 반응하는 것이다. 결국 두려움의 실체와 크기는 그것을 해석하는 방식에 따라 달라진다.

●

마음이
살아 있다는 신호

공포감뿐만 아니라 '기억 속에 얼어붙은 불쾌감'도 마음 깊숙이 저장되어 있을 수 있다.

예를 들어 유난히 불쾌한 감정을 느끼게 하는 사람이 있다. 이때 불쾌함의 정도는 사람마다 다르다는 사실을 먼저 이해할 필요가 있다.

왜 그렇게까지 불쾌하게 느껴지는 걸까? 그 이유를 깊이 생각해보면 자신의 마음 깊은 곳을 들여다볼 수 있다.

그 사람의 말이나 행동 때문에 오래전 기억 속에 얼어붙은 불쾌한 감정이 되살아났다면, 그 반응은 단지 그 사람 때문만은 아니다.

그 감정은 지금 이 순간에만 느끼는 것이 아니라, 내 안의 미처 치유되지 못한 과거와 연결되어 있다. 이는 곧 자신이 얼마나 감정적으로 자립하지 못했는지, 그리고 자신이 얼마나 나약한 존재인지를 보여준다.

세상에는 여러 유형의 사람들이 있다. 타인을 이용하려는 사람, 마음의 고통을 전가하려는 사람, 심지어 타인의 고통을 통해 자신의 상처를 무의식적으로 보상받으려는 사람도 있다.

이런 사람들을 마주할 때, 감정적으로 자립하지 못한 사람은 쉽게 무너진다. 그래서 감정적 심리적으로 자립하지 않으면 안정된 마음으로 살아가기 어렵다.

나약한 자신의 내면과 마주했을 때는 현재 자신이 어떤 상태인지를 명확하게 알고 더 나아지고자 노력해야 한다.

'기억 속에 얼어붙은 불쾌감'이 눈앞에 있는 사람으로 인해 자극받을 때도 있고, 혹은 어떤 인물에게 느낀 불쾌감이 눈앞에 있는 사람에게 전이되어 나타날 때도 있다.

어쨌든 둘 다 눈앞에 있는 사람과의 경험 그 자체로만 나타나는 것은 아니다. 눈앞에 있는 사람은, 다른 사람에게는 그다지 불쾌한 존재가 아닐지도 모른다.

이럴 때 이 사람과 만나서 나의 내면을 알게 되었다는 식으로 받아들일 수 있는 사람이야말로 에너지 넘치는 사람이다.

나쁜 일이라고 해도 그것이 꼭 나쁜 결과로 이어지는 것은 아니다. 대응 방법에 따라 얼마든지 좋은 일이 될 수도 있다.

어떤 불쾌한 일을 경험했다고 하자. 그 자체로는 괴로운 경험일지도 모른다. 하지만 그 경험을 통해 내면에 있는 '기억 속에 얼어붙은 불쾌감'을 깨닫고, 그것과 마주하면 불쾌감을 해소할 수 있다.

'기억 속에 얼어붙은 불쾌감'은 스스로 인식하고 마음 밖으로 배출하지 않으면 언제나 마음속에 남아 있어 어느 순간 자기도 모르게 불쾌한 감정을 불러일으킨다. 그것을 비워내야만 비로소 마음이 편안해진다.

'기억 속에 얼어붙은 공포와 불쾌감'은 자신이 알지 못하는 사이 마음 깊숙이 자리 잡고 있기 때문에 그 공포가 얼마나 크게 남아 있는지 스스로는 알기 어렵다.

하지만 어린 시절의 추억이 얼마나 생생하게 남아 있는지를 보면 어느 정도 짐작할 수 있다. 자기 자신과 단절된 상태라면 마음이 살아 있지 않기 때문에 일상의 구체적인 추억이 거의 남아 있지 않다. 그런 '소소한 기쁨'을 느낀다는 것은 마음이 살아 있다는 뜻이기 때문이다.

어린 시절 가족과 즐겁게 밥을 먹은 기억이 남아 있는가, 어린 시절 부모와 즐거운 대화를 나눈 기억이 있는가? 그러한 추억이 없다면 어린 시절 오감이 제대로 작동하지 않았다는 의미다.

공포를 느끼며 살아왔기 때문에 공포감 외에는 아무것도 남아 있지 않다.

그때 그 길에 피어 있던 꽃의 색깔, 풍경, 산에 올랐을 때의 벅찬 감동은 느끼지 못하고 남은 것은 힘들었다는 기억뿐 자신이 어떤 길을 걸었는지도 기억하지 못한다면 공포에 마음이 지배당했기 때문이다. 오감이 작동하지 않았기 때문에 기억을 떠올릴 수 없는 것이다.

나 자신을 구하는 것은 돈도 권력도 명성도 아니다. 과거에 묶인 감정을 끊어내고, '기억 속에 얼어붙은 공포'로부터 스스로를 해방시켜야 한다.

나약해서가 아니라
버텨왔기 때문

파괴적인 트라우마를 겪은 사람은 단지 마음만 상처 입은 것이 아니라, 뇌나 신경계 같은 몸의 구조에도 영향을 받아서 이전과 같은 상태로 돌아가지 못한다.[25]

너무 무서운 일을 겪으면 뇌가 충격을 받아서 화학작용의 변화를 일으키고, 시간이 지나도 원래대로 돌아가지 않고 굳어진다. 이것이 바로 '기억 속에 얼어붙은 공포'가 지닌 위력이다.

이러한 변화로 인해 감정을 조절하는 기능이 망가지기 때문에 트라우마를 겪은 사람은 자기감정을 제대로 느끼지 못하고 살아간다.

특히 매우 착실한 사람들은 평생 극심한 스트레스에 시달리며 살아가면서도 자신이 얼마나 힘든 상태에 있는지를 모른다. 왜냐하면 그들의 행동이 사회적으로 보면 전혀 이상하지 않기 때문이다. 오히려 성실한 태도가 그들의 내면에서 일어나는 폭풍을 가려버린다.

이런 사람은 청년기에 정체성을 확립하고 자기 의지로 인생을 선택한 사람과 겉으로는 크게 다르지 않다. 하지만 마음속은 전혀 다르다.

한쪽 세상은 온화한 봄날이고, 다른 한쪽 세상은 폭풍우가 휘몰아친다. 더구나 자기 마음속에서 폭풍우가 치고 있다는 사실도 모른다.

자기 의지대로 자기 인생을 선택한 사람은 스트레스를 받더라도 트라우마로 남지 않는다. 하지만 외부에서 주어진 인생을 살아가는 사람은 작은 스트레스에도 뇌의 화학작용이 바뀌어 트라우마로 남는다. 이런 사람들은 공포 속에서 살아가기 때문에 결국 뇌 구조가 변하고 만다.

'기억 속에 얼어붙은 공포'는 그 사람의 일상을 위협한다. 예를 들어 "저 사람은 항상 긴장해 있어", 또는 "저 사람은 무슨 일이 있으면 너무 긴장해서 대화가 안 돼"라는 말을 듣는 사람이 있다.

무엇이 두려워서 그토록 긴장하는지 물어보면, 구체적으로 두려운 대상이 없다. 단지 자기도 모르게 두려움이 느껴진다고 한다. 또는 본인은 두렵지 않다고 주장하지만 실제로는 두려워하기도 한다.

이런 사람은 '기억 속에 얼어붙은 공포'에 일상생활을 지배당하고 있을 가능성이 크다.

'기억 속에 얼어붙은 공포'가 있는 사람과 없는 사람의 마음은 전혀 다르다. 한쪽의 마음은 공포로 가득 차 있고, 다른 한쪽의 마음은 기쁨으로 가득 차 있다. 겉으로는 나타나지 않지만 몸속 스트레스 호르몬이 다르다.

항상 공포를 느끼는 사람은 마치 전쟁터에서 싸우며 단련된 용감한 군인이라고 할 수 있다. 하지만 정작 자신은 공포에 떠는 나약한 인간이라고 여긴다.

그렇게 마음이 지쳐버린 상태가 바로 번아웃 증후군이다.

사실상 번아웃 증후군은 출발점이 잘못된 것이다. 원래 나약해서가 아니라 너무 오랫동안 버텨왔기 때문에 번아웃이 생긴 것이다. 이들에게 가장 중요한 전환점은 스스로를 바꾸겠다는 결심이다. 그렇게 결심하는 순간 태어나 처음으로 마음속 깊이 강인함을 느끼게 될 것이다.

자신을 바꾼다는 것은 자기 의지대로 인생을 걸어가겠다는 뜻이다. 인생의 어려움에 정면으로 맞섰을 때 그 사람은 이미 한층 더 강인해져 있을 것이다.

●
실패보다 무서운 건
실패할지 모른다는 공포

부끄러움을 잘 타는 사람은 실수하면 큰일이 일어날 것처럼 느낀다. 그래서 미국의 심리학자 필립 짐바르도는 부끄러움을 잘 타는 사람은 실수를 두려워하고 타인의 부정적인 평가에 민감하다고 한다.

자신감 없는 사람은 타인에게 부정적인 평가와 거절당하는 일을 자기 존재를 위협하는 일로 받아들인다. 이런 사람들은 불안감과 긴장감을 안고 살아가며 수면제를 먹어도 불면증에 시달리고 식욕도 떨어진다.

아무리 사회적으로 성공한 듯 보여도 누군가의 부정적인 한마디에 쉽게 무너진다. 사실상 타인에게 부정적인 평가를 받지 않으려고 발버둥을 치다 보니 결과적으로 성과를 나타내게 된 것이다.

사람은 백만 명에게 칭찬받아도 스스로 자신감이 없으면 두려움 속에서 살아갈 수밖에 없다. 두려워할 일이 없는 상황에서도 두려움을 느끼고, 긴장할 필요가 없는데도 긴장하며 쓸데없이 에너지를 소모한다.

사실 아무리 마음이 지치고 불안해도 자신감만 있으면 일상을 훨씬 평온하게 살아갈 수 있다. 자신의 마음 상태에 너무 예민하게 집착하지 않는다면 불안과 긴장도 점점 줄어든다.

사람과 만나는 것도, 인사하는 것도, 대화하는 것도, 일하는 것도, 모두 자신감이 있다면 그렇게 많은 에너지가 필요하지 않다.

하지만 '기억 속에 얼어붙은 공포'가 저장고에 쌓여 있으면, 대수롭지 않은 일로 쉽게 긴장하고 불안해진다. 밤에 잠을 설치고, 아침부터 긴장된 마음으로 하루를 시작하며, 저녁이 되면 이유 없이 지쳐버린다. 운동이나 일 때문에 소모한 게 아니라 저장고 안의 공포감이 끝없이 반응하면서 에너지를 소모한 것이다.

불안하고 긴장되는 아침에는 스스로에게 이렇게 말해보자.

"오늘은 실제로 긴장할 일이 하나도 없어."

"오늘은 실제로 두려워할 일이 하나도 없어."

실제로 두려워할 일은 하나도 일어나지 않았는데도 스스로 현실을 제멋대로 왜곡해서 두려운 것처럼 해석했을 뿐이다.

사실 자체가 두려운 것이 아니라, 그 사실을 바라보는 왜곡된 인식이 사람을 두렵게 만드는 것이다.

자신감이 없는 사람은 스스로 자기 목을 조르며 괴롭다고 외치는 격이다. 그러므로 자기 목을 조르고 있는 자신의 손을 놓아버리면 된다. 그것 말고는 괴로움에서 벗어날 방법이 없다.

능력 이상으로 많은 걸 하려 들기 때문에 긴장하는 것이다. 있는 그대로의 자신은 가치가 없다고 제멋대로 단정 짓고 타인의 평가를 두려워한다.

타인의 평가에 의지해 마음의 평정을 유지하려 한다면 어떤 평가를 받더라도 불안과 긴장감은 사라지지 않는다. 스스로를 믿고 받아들여야 비로소 마음의 평안을 얻을 수 있다.

언제 터질지 모르는
감정의 지뢰밭

스트레스에 강한 사람이 되고 싶다, 어떤 상황에서도 스트레스를 잘 견디는 사람이 되고 싶다는 마음은 누구나 가지고 있다.

인생은 과제의 연속이고, 그것을 하는 과정에서 스트레스는 당연히 따라오기 마련이다. 그러니 특히 스트레스에 약한 사람은 어떻게 하면 스트레스를 받지 않을까를 끊임없이 고민한다.

그런데 스트레스에 약한 이유는 단순한 성격 탓이 아니다. 마음속 깊은 불안감, 특히 관계에 대한 불안이 스트레스를 더욱 크게 만들기도 한다.

인간관계에 지나치게 의존하는 사람은 어른이 되어서도 어릴 때 느낀 버림받을지도 모른다는 불안감에서 완전히 벗어나지 못한다. 그들은 자신이 경험한 '어린 시절의 사회적 틀' 안에서 세상을 바라본다.

주로 어린 시절의 첫 애착 대상인 어머니와의 관계가 불안정하면 어른이 되어서도 인생 전반에 걸쳐 관계에 영향을 미친다. 유아기부터 형성된 불안정 애착이 그 사람의 일생을 지배하는 일은 그리 드물지 않다.

영국의 정신과 의사 존 볼비는 이런 사람들은 피해자 의식을 바탕으로 행동한다고 해석한다. 이들은 어린 시절부터 타인에게 도움받은 경험이 거의 없다. 어른이 되어서도 어떤 일을 겪으면, 어린 시절 혼자 경험한 것을 바탕으로 해석한다. 말하자면 '정서적 유대감'이 없는 것이다.

불안정 애착이란 양육자와 자녀의 관계를 설명하는 개념이지만 어른이 된 후에도 연인, 친구, 동료와의 관계 속에서 같은 방식으로 반복된다.

관계가 불안정할수록 끊임없이 관계나 사랑을 확인해야만 한다. 실제로 관계에 문제가 있는 것이 아니라 심리적으로 불안정하다는 의미다.

어른이 되어 어떤 사람이나 상황에 유독 민감하게 반응하고 사소한 말에도 불쾌감을 느낀다면, 그 원인은 어릴 때의 불안정 애착에서 비롯된 것일 수 있다. 현재의 고통에는 과거의 흔적이 숨어 있는 것이다.

일상에서 당연한 것들을
잃었을 때

"그녀는 어머니와 종일 같이 있고 밤에도 같이 잘 수 있다면 정말 좋겠다고 말한다. 그저 자신을 온전히 사랑해주는 부모가 있으면 좋겠다는 말이다. 꼭 친부모일 필요는 없다. 중요한 건 '자신만을 위한 부모', 즉 자신을 온전히 받아주는 존재가 필요하다는 것이다."[26]

독일의 정신병리학자 볼프강 블랑켄부르크의 《일상에서 당연한 것들의 상실》에 나오는 말이다.

양육자에게 강한 독점욕을 보인다는 것은 그 아이가 타인에게 침범당하지 않는 세계를 만들고 싶다는 뜻이다. 어머니와 아이만의 세계를 만들어야 자아가 확립되고 아이의 마음이 단단해진다.

하지만 유아기부터 형성된 불안정 애착 관계에서 자라온 사람은 안정된 정서적 연결을 경험하지 못했기 때문에 점차 감정을 차단하며 살아가게 된다. 슬퍼하거나 화를 내지도 않고 삶에 무기력해진다.

더 이상 마음의 상처를 받지 않기 위해 방어적 자세를 취하며 마음을 닫아버리기 때문이다. 현실과 마주하면 상처받기 때문에 상처받지 않기 위해 현실을 외면한다. 물론 주변 사람들에게도 마음의 문을 닫는다.

어릴 때부터 불안정 애착이라는 심리에 지배당하고 있다는 사실을 의식하지 않으면 평생 지배당하며 살아간다. 어른이 되어 어떤 일에 불쾌한 감정을 느낄 때 그 원인이 어린 시절의 불안정 애착에 있다는 사실을 알아차리지 못한다.

자기의 성장 과정을 돌아보며 의식의 영역을 확장해가는 사람만이 이 감정의 원인을 비로소 자각할 수 있다.

●

흔들리는 나를
붙잡아줄 무언가

어린아이가 활기찬 이유는 있는 그대로의 자신을 어머니가 인정해주기 때문이다. 인정 욕구가 충족되지 않을 때 아이는 점점 우울해진다.

그래서 '착한 아이'는 대체로 삶의 에너지가 부족하다. 늘 기대에 부응하려 애쓰며 스스로의 욕구를 억누르기 때문이다.

엘리트일수록 사회적 좌절에 취약한 이유다.

심리학자 마틴 셀리그먼은 독점욕이 채워지지 않은 아이는 의존성 우울 반응을 보인다고 한다. 이런 아이는 눈빛이 흐리고 지친 표정을 지으며, 기쁨이나 슬픔 같은 감정을 제대로 표현하지 못한다. 에너지가 고갈된 듯한 이 상태는 오늘날 흔히 말하는 은둔형 외톨이의 모습과도 맞닿아 있다.

이를 정서적 단절이라고 하든 의존성 우울 반응이라고 하든 모든 것이 싫어진 심리 상태를 말한다.

절망에 빠져 있더라도 그것을 느낄 힘이 있다면 그나마 다행이다. 하지만 절망을 느낄 힘조차 없다면 자신이 왜 그런 상태에 빠졌는지도 알 수 없다.

왜 이렇게 모든 것이 싫어지는 걸까?

"자극을 느끼지 못하는 아이는 자극에 대처할 수 없는 아이가 된다."[27]

어릴 때 자신의 감정이나 행동에 부모가 반응해주었는가에 따라, 아이의 정서적 탄력성은 크게 달라진다. 어린 시절 부모의 반응을 충분히 경험하고 느끼며 자란 아이와 그렇지 못한 아이는 근본적으로 다르다.

아이가 방긋 웃었을 때 부모가 미소로 응답해주었다면 세상은 아이에게 따뜻하고 관심받는 곳으로 기억된다. 하지만 아무리 웃어도 돌아오는 반응이 없다면 세상은 차갑고 무관심한 공간으로 각인된다.

그 결과 마음 깊은 곳에 적대감이 쌓이고, 이후 인생에서 다양한 모습으로 나타난다.

"아기가 젖을 빨면, 세상은 따뜻한 모유로 응답한다."[28]

이런 경험이 쌓인 아이는 세상을 기다릴 수 있는 곳, 반응해주는 곳, 그리고 살아갈 만한 곳으로 받아들일 수 있다.

어린 시절에 어머니의 사랑을 충분히 경험하지 못하면 어른이 된 후에도 믿을 수 없을 만큼 큰 영향을 미친다. 그로 인해 생기는 가장 심각한 문제는 아무것도 할 수 없다는 무력감을 갖게 된다는 점이다.[29]

어떤 사람은 힘든 상황에 맞닥뜨렸을 때 어떻게든 버텨내고 해결해나가려 하지만, 어떤 사람은 작은 고난 앞에서도 쉽게 절망하고 아무런 시도조차 하지 못한다. 그 차이는 단순히 성격이 아니라 애착 경험에서 비롯된다.

분리불안은 첫 번째 애착이 사라진 뒤 그다음 애착을 형성하지 못할 때 느끼는 불안이다. 이 세상 어디와도 연결되어 있지 않다고 느끼면 불안한 것이 당연하다. 이것이 바로 불안정 애착을 불러일으킨다.

그런 환경에서 자라났는데도 자신을 잃지 않고 살아온 사람은 이미 놀라운 회복력과 내면의 힘을 증명한 것이다. 예민하고 신경증적 성향이 강하다고 해서 자신감을 잃을 필요는 없다.

누구나 변할 수 있다. 용기가 없다는 자아상을 내려놓을 필요가 있다. 나쁜 선택을 하지 않고 지금까지 살아온 것만으로도 엄청난 용기를 보여준 것이다. 그 점을 스스로 인정한다면 자신을 얼마든지 바꿀 수 있다.

●

조금 떨어져야
기다려줄 여유가 생긴다

불안정 애착 상태에 있는 아이가 부모의 기분을 살피며 좋아지기를 바라는 것은 그나마 괜찮다. 더 심각한 문제는 부모와 자식의 역할이 뒤바뀌는 경우다.

불안정 애착 상태에 있는 부모는 아이가 항상 기분이 좋길 바란다. 그리고 조금이라도 아이의 기분이 나빠 보이면 곧바로 화를 낸다. 이는 부모 자신이 아이와의 애착 관계를 확신하지 못하기 때문이다.

예를 들어 누군가의 기분이 좋지 않으면 그 사람에게 다가가기 어렵다. 다가간다 해도 응답해줄 가능성이 낮기 때문이다.

이와 마찬가지로 부모는 아이의 기분이 나쁘면 자신이 다가갔을 때 아이가 받아줄지 확신할 수 없어 불안해진다. 그래서 아이의 기분을 민감하게 살피고 아이에게 기분 좋은 반응을 끌어내기 위해 집착하거나 강요하게 된다.

따라서 애정 결핍이 심한 부모, 다시 말해 불안정 애착이 심한 부모는 가족이 늘 웃고 있길 바란다. 가족 중 누군가의 기분이 나빠지면 누구보다 부모 자신이 가장 먼저 불쾌해한다.

그러므로 아이들의 싸움을 금지하는 부모는 대개 불안정 애착을 가지고 있다. 하지만 아이들은 서로 싸우면서 공격성을 건강하게 표현하고, 이를 통해 조절하는 능력과 심리적인 유연성이 자라난다. 아이들의 자연스러운 싸움을 억지로 누르면 아이는 자신의 분노나 불편한 감정을 드러내지 못하고 점점 더 감정을 억압하고 심리적으로 경직된다.

불안정 애착이 심한 사람들이 주의해야 할 점은 타인의 영향을 쉽게 받는다는 점이다. 이런 사람은 대개 공생적 성향을 보인다.

공생적 성향은 자신과 상대방을 분리하지 못하고 상대방이 자기 뜻대로 행동하는 것을 당연하게 생각하는 것이다. 얼핏 상대방을 지배하려는 것처럼 보이지만 오히려 상대방에게 지배당하고 있다.

예를 들어 상대방의 기분이 좋길 바란다고 하자. 이런 경우 공생적 성향을 지닌 사람은 자기 바람대로 상대방의 기분이 좋아져야 한다고 여긴다. 자기 기분이 좋으면 상대방도 기분이 좋기를 바란다. 그런데 상대방의 기분이 좋지 않으면 이를 참지 못한다.

마치 식탁에 앉자마자 음식이 바로 나오지 않으면 화내는 것과 비슷하다. 상대방의 기분이 나쁘면 바로 화를 내고, 상대방의 기분이 나아지지 않으면 계속 화를 낸다.

공생적 성향을 지닌 사람은 상대방과 자신이 같은 기분을 느끼지 못하는 것을 견디기 힘들어한다. 거꾸로 말하면 상대방의 기분에 지배당하는 셈이다. 이것은 심리적으로 의존 관계에 있는 사람에게서 나타난다.

관계 안에서 분리가 이루어져야 비로소 상대방의 안 좋은 기분을 받아들이고 기분이 나아질 때까지 기다려줄 수 있다. 그리고 자신도 타인의 감정에 휘둘리지 않고 기분 좋게 지낼 수 있다.

공생적 성향을 지닌 사람은 이런 식으로 상대방을 통제하려 들기 때문에 함께 지내는 사람은 알게 모르게 구속받고 있다는 느낌을 받는다. 이런 관계에서는 감정을 자유롭게 표현하거나 편안한 마음을 가지기 어렵다.

일생을 지배하는 '불안정 애착'

고통조차 어떻게 인식하느냐에 따라 그 강도가 달라지듯, 실패를 어떻게 받아들이느냐는 앞으로 살아가는 데 큰 영향을 미친다.

스탠퍼드대학교 심리학과의 캐럴 드웩 교수는, "실패의 원인을 능력이 부족하기 때문이라고 해석하면 학습된 무기력을 극복할 수 없다"고 한다.

물론 타고난 성향도 영향을 미친다. 예를 들어 사람은 억압적 성향과 비억압적 성향으로 나뉘기도 하는데, 항상 스트레스를 받는 환경에서 자란 아이는 자연스럽게 스트레스에 예민한 사람으로 성장한다. 원래 스트레스에 예민한 아이가 스트레스가 심한 환경에서 자라면 쉽게 두려움을 느끼는 사람으로 성장한다.

자신의 심리적 왜곡을 바로잡기 위해서는 자신이 성장한 사회적 틀을 바르게 이해해야 한다.

지는 것은 나쁜 것이고 이기는 것이 가치 있는 것이라는 가치관 아래 성장한 사람은 실패를 견디는 힘이 약할 수밖에 없다.

다른 사람과 관계를 맺을 때는 자신이 어떤 가치관 아래 성장했는지, 또 상대방은 어떤 가치관 아래 성장했는지 생각해 볼 필요가 있다.

우리는 살아가면서 온갖 실패에 맞닥뜨린다. 대학에 떨어질 수도 있고, 취업에 실패하기도 한다. 연인과 헤어질 때도 있다. 이런 실패는 단순한 사실에 불과하다. 그 사실을 어떻게 받아들이느냐는 각자 성장한 사회적 틀과 정서적 배경에 따라 달라진다.

예를 들어 부모와 공생적인 관계를 맺으며 자란 사람은 대학에 불합격했을 때 심리적 타격이 훨씬 크다. 이런 사람이 사소한 실패조차 두려워하고 성공이 곧 인생의 행복이라고 착각하는 것도 어찌 보면 당연한 일이다.

이들은 불안감을 피하기 위해 상대방의 비위를 맞추거나 공격성을 띠기도 하고, 혼자만의 공간에 틀어박히기도 한다. 모두 자신을 지키기 위한 행동이다.

마음이 불안하고 흔들릴 때는 자신이 지금까지 어떤 인간관계를 맺으며 살아왔는지, 그 관계 안에서 어떤 역할을 해왔는지 천천히 돌아볼 필요가 있다.

●
사랑받고 싶어서
사랑할 수 없게 된 사람

사랑을 제대로 받아보지 못하고 성장하면 결혼한 후에 배우자에게 어릴 때 받지 못한 사랑을 갈구하게 된다. 이러한 욕구는 배우자뿐만 아니라 자녀를 향해서도 나타난다.

부모와 자식의 역할이 뒤바뀐 가정에서는 이러한 현상이 더욱 뚜렷하게 나타난다. 부모가 아이의 감정과 반응에 지나치게 의존한다면 설령 아이가 효심이 깊고 다정하더라도 부모는 쉽게 불만을 느끼고 아이를 질책한다.

이런 부모는 아이에게 사랑과 관심을 주는 것이 아니라 자신의 신경증적인 애정 욕구를 충족하려고 한다. 따라서 부모가 원하는 반응을 아이가 보이지 않는 것은 당연한 일인데도, 부모는 그런 아이에게 분노를 느낀다. 괴로울 때는 남을 질책하는 것이 심리적으로는 가장 편하기 때문이다.

이런 질책의 이면에 숨겨져 있는 것이 바로 신경증적 애정 욕구이며, 의존적 적대감이라고 할 수 있다.

타인을 믿지 못하면 여러 가지 심각한 문제에 부딪히게 된다. 사람은 누구나 기본적인 신뢰 관계가 있어야 비로소 자립할 수 있다.

아이 역시 어머니를 신뢰할 수 있기 때문에, 혼자서도 살아갈 수 있는 독립적인 존재로 성장한다. 이 세상에서 처음으로 만난 사람을 믿을 수 없다면 자립하기 어렵다.

어머니와 비정상적인 애착 상태에서 벗어나지 못하고 타인과 신뢰 관계를 쌓지 못하는 사람은, '무기력과 의존'이라는 숙명을 안고 평생을 살아야 할지 모른다.

그들은 늘 '보호와 안전'을 갈구하면서도 그 어떤 관계 안에서도 마음이 놓이지 않아 불안하게 일생을 살아간다. 이것이 신경증적 애정 욕구를 가진 이들의 비극이다.

단념, 절망으로부터
나를 지켜주는 것

스스로를 어떻게 인식하는지를 깨닫지 못하면 자신을 바꿀 수 없다. 그러나 신경증적 성향이 강한 사람은 스스로 자신을 어떻게 느끼는지는 중요하지 않다.

신경증적 성향이 강한 사람은 자기 자신을 어떤 방식으로 느끼고 살아갈까?

이들은 행복하게 살고 싶은 게 아니라 행복해 보이길 원한다. 잠재 능력을 펼치고 싶은 게 아니라 유능해 보이길 원한다. 자신이 자신을 어떻게 생각하는지는 문제되지 않는다는 바로 그 지점에서 자기의 본질을 잃어버리는 자기소외가 일어난다.

그들은 자신을 위한 인생을 살아가는 것이 아니라 남에게 보여주기 위한 인생을 산다. 남들이 자신을 '훌륭하다'고 평가하면 스스로 괜찮은 사람이라고 느낀다. 따라서 '남들이 어떻게 생각하는가?'에 굉장히 예민하게 반응한다.

이런 사람들은 어떤 꿈을 꿀까? 중요한 물건, 예를 들어 여권을 잃어버리거나 집으로 돌아가는 길을 잃어버리는 꿈을 꾼다. 분명히 목적지를 알고 있는데도 아무리 애써도 도달하지 못한다.

이는 정체성이 확립되지 않았기 때문이다. 자기가 자신이 아닌 상태, 즉 자기소외에서 신경증으로 발전한 것이다.

신경증은 의식과 무의식이 괴리된 상태에서 나타난다. 인격이 통합되어 있는가에 따라 심리적으로 건강한 사람과 그렇지 않은 사람으로 나뉜다.

심리적으로 건강한 사람은 타인과 진심으로 마주하지 못하고 관계 속에서 늘 불편한 감정을 느낀다. 이는 자신에 대한 내적 확신이 부족하기 때문이다.

반면 심리적으로 건강한 사람은 자기 자신에 대해 근본적인 신뢰가 있기 때문에 '나는 누구인가?'라는 질문에 매몰되지 않으며, 타인과 보다 자연스럽고 안정적으로 관계를 맺는다.

오스트리아의 정신과 의사 빅터 프랭클은 실존분석이라는 심리치료 기법을 제시했다. 그 핵심은 삶의 의미를 발견하는 것과 의미를 찾고자 하는 의지에 있다.

산업혁명으로 경제 발전이 절정에 달한 빅토리아시대의 영국은 성적 억압에서 오는 불만이 점차 삶의 의미에 대한 공허감, 즉 실존적 욕구 불만으로 바뀌어갔다. 인간은 더 이상 단순한 생존만으로는 만족할 수 없게 되었고, '왜 살아야 하는가'

에 대한 질문을 던지기 시작했다.[30]

이는 과거 르네상스 시대와도 연결된다. 르네상스 시대에는 인간의 이상적인 면을 지나치게 일반화해서 추구하는 경향이 있었다. 이러한 사고방식은 개개인이 실제로 겪는 현실과 감정을 제대로 보지 못하게 만들어서 내면의 고통을 더욱 키우는 결과를 낳았다.

시대마다 인간을 바라보는 관점은 달랐지만, 인간 실존의 문제를 회피하거나 과장함으로써 오히려 더 깊은 혼란을 초래했다는 공통점이 있다.

이와 관련해서 빅터 프랭클은 "모든 단념은 '반드시' 이루어져야만 한다"라고 말했다. 이것은 어떤 집착이든 결국은 내려놓아야 한다는 뜻이다. 그런 의미에서 단념(내려놓음)은 우상화를 막아줄 뿐 아니라 절망으로부터 인간을 지켜주는 유일한 수단이다.[31]

그래서 절망은 때때로 새로운 세상으로 들어가는 입구가 된다. '자기 인생의 의미를 아는 사람, 그런 사람만이 모든 절망을 극복할 수 있다.'[32]

내가 어떤 사람인지
모를 때

어른이 되면 어릴 때보다 정서적으로 의존하고 싶은 욕구가 더 강해질 때가 있다. 하지만 어른이니까 그러지 않아야 한다고 생각한다.

어린 시절부터 정서적으로 기대고 싶은 욕구가 어른이 될 때까지 계속 남아 있지만, 자존심 때문에 그러한 사실을 인정하지 않는다.

정서적으로 기대고 싶은 마음은 강하지만, 그 욕구를 인정하지도 못하고 그렇다고 없애지도 못한 채 억누르기만 하다 보니 어떤 것에도 만족하지 못한다.

사람들에게 존경받지 못하면 불만스러운데 너무 허물없이 다가와도 불편하다. 누군가 친근하게 대해주지 않으면 외롭고 서운한데, 막상 친근하게 대하면 자신의 약한 마음이 들킨 것 같아서 자존심이 상한다.

격려해줘도 불만이고 격려를 받지 못하면 섭섭하다. 지시받으면 불쾌하지만, 지시가 없으면 어떻게 해야 할지 몰라 안절부절못한다.

상대가 관심을 보이면 귀찮아하면서도 관심을 주지 않으면 너무나 외롭다.

말을 걸어도 불편하고, 말을 걸지 않아도 서운하다. 혼자 있으면 외로워서 힘들고 함께 있으면 불쾌하고 성가시다. 그야말로 이러지도 저러지도 못하는 상황에 빠진다.

우울증 환자가 끊임없이 누군가에게 인정받고 싶어 하는 것도 이처럼 억눌린 정서적 욕구 때문일 수 있다. 어린 시절에 충분히 기대고 실망하고 싸우고 위로받는, 그런 심리적인 과정을 제대로 겪지 못하면 결국 마음의 근육이 단단해지지 못한다.

내가 진짜 원하는 게 뭔지, 내가 어떤 사람인지 알 수 없는 자아 상실을 겪으며 자란 사람은 어떤 상황에서도 안정감을 느끼지 못하고 늘 혼란스럽고 불만족스러운 삶을 살아간다.

●

상대의 기분은
내가 책임질 일이 아니다

라디오 프로그램에서 전화 인생 상담을 시작한 후, 남편의 공생적 성향 때문에 괴로워하는 아내가 참 많다는 사실을 알게 되었다.

집에 돌아왔을 때 아내가 기분 좋게 "왔어요?"라고 말하지 않으면 금방 기분이 나빠지고 밤중까지 입을 꾹 다물어버리는 남편도 있다. 그 자리에서 "내가 이렇게 고생하고 돌아왔는데 당신 태도가 그게 뭐야?"라며 화내고 물건을 내던지는 남편도 있다.

아내라고 해서 항상 기분 좋게 밝은 표정으로 남편을 맞이할 수는 없는 노릇이다. 그런 남편은 심리적으로 아내에게 의존하고 있으며, 아내와 자신이 별개의 인간이라는 사실을 인식하지 못한다.

아내와 심리적 분리가 이루어지지 않은 남편은 항상 기분이 안 좋고, 그에 따라 집안 분위기도 가라앉는다. 그런데도 남편은 자신이 집에 있어주는 것만으로도 고마워하라는 듯한 태도를 보인다.

공생적 성향을 지닌 사람은 항상 상대방이 곁에 있어주기를 원한다. 하지만 그와 동시에 자기 혼자만의 시간도 갖고 싶고, 항상 같이 있으면 자유롭지 못하다는 개별화 욕구도 지니고 있다.

하지만 개별화 욕구보다 공생적 욕구가 더 강하기 때문에 마음속으로 끊임없이 갈등하고, 개별화 욕구를 억누르며 함께 있는 것을 선택한다.

이들은 자신의 개별화 욕구를 억누르는 것이 심리적 의존증에서 비롯된 것임을 깨닫지 못한다. 이것은 유아기에 애착 대상인 엄마를 독점하고 싶은 욕구가 채워지지 않았기 때문이다.

하지만 함께 있어도 즐겁지 않고 결국 기분이 불쾌해지고 만다. 상대방은 혼자 있고 싶은 욕구를 실현하는 데 방해가 되지만, 그 사람이 없으면 불안해서 싫어도 어쩔 수 없이 같이 있는 것이기 때문이다.

그런 상황에 놓인 상대방은 견디기 힘들다. 그 사람과 딱히 함께 있고 싶지도 않고 함께 있어달라고 부탁한 적도 없다. 그런데 무거운 분위기 속에서 억지로 함께 있어야 하고, 게다가 그 사람은 '내가 있어주는 것만으로도 고마워해야 한다'며 생색까지 낸다. 또 항상 밝은 기분을 유지하라고 하며 남의 감정까지 간섭한다. 이런 사람과 함께 있으면 절대 자유롭게 살 수 없다.

공생적 성향을 지닌 사람은 자신이 정이 많은 사람이라고 철석같이 믿는다. 자신이 타인을 사랑하지 못하는 자기중심적인 사람이라고는 꿈에도 생각하지 못한다.

심리적 분리가 이루어지면 상대방의 언짢은 기분을 가볍게 받아들이고 기분이 좋아질 때까지 기다릴 수 있다. 이때 자기중심적인 행동에서 벗어나게 된다. 상대방이 자신과는 다른 독립된 인격임을 인정하고 이해하는 것이다.

이때 비로소 타인을 소중하게 여길 수 있다. 이전까지의 사랑은 상대방을 내 마음대로 하려는 자기화에 불과했다. 하지만 상대방의 인격을 있는 그대로 인정하면 더 이상 모든 사람에게 잘 보이려고 애쓸 필요 없다.

좋은 사람을 구별할 줄 아는 힘

더 이상 양육자의 보살핌을 받을 수 없어 시설에 오게 된 아이는 어떤 심리적 과정을 겪을까?

애착이론의 창시자 존 볼비는 아동보호시설에서 생활하는 아이들을 관찰하고 다음과 같이 말했다.

"반항(protest), 절망(despair), 이탈(detachment)이라는 일련의 반응이 관찰되었다."[33]

부모와 분리된 아이들은 처음에는 분리 상황에 강하게 반항하다가, 그다음엔 깊은 슬픔과 절망 상태에 빠지고, 시간이 지나면 결국 감정을 단절하고 타인과 관계 맺기를 회피한다. 그리고 결국 우울 상태에 이르게 된다.

"불안과 우울이 뒤섞인 심리 상태나 정신병적 증상은 불안, 절망, 이탈의 상태와 조직적으로 연결되어 있으며, 이러한 반응은 아이가 장기간 모성적 인물과 분리됐을 때, 모성적 인물과 이별을 예감할 때, 모성적 인물을 완전히 상실했을 때 나타나기 쉽다."[34]

처음 사흘 동안 아이들은 잠자리에 들 때나 자면서 우는데, 부모 특히 엄마를 부르며 우는 행동이 가장 뚜렷하게 나타났다.[35]

"이 아이들은 부모를 그리워하는 마음이 너무 강해서 보육교사와 유대감을 맺으려는 의욕도 없고, 위로해도 거부 반응을 보였다. 초기에는 옷 갈아입기, 식사, 배변조차 거부한다."[36]

이러한 반응은 맨 먼저 나타나는 반항에 해당한다. 그 후 아이는 점차 위로와 애정을 갈망하게 되고, 상대를 가리지 않고 그러한 욕구를 채우려고 한다. 특정 대상이 아니라 아무에게나 애정을 갈구하는 것이다.[37]

이들은 신경증적 성향을 지닌 어른으로 자라기 쉽다. 자신에게 소중한 존재가 사라지면 자신을 좋아한다고 말해주는 사람, 자신을 인정해주는 사람이 좋은 사람이다.

인정받고 싶은 마음이 너무 크기 때문에, 상대가 진심인지 아닌지를 구분하지 못한 채, 자신에게 잘해주는 사람이 곧 '좋은 사람'이라고 여긴다. 이러한 이유로 신경증적 성향을 지닌 사람은 종종 다른 사람에게 이용당하거나 쉽게 상처받기도 한다.

아동보호시설에 도착해 부모가 떠나는 순간이 오면 아이들은 대부분 울음을 터트린다.[38] 이것은 절망의 단계다. 아직 이탈의 상태는 아니다. 그런데 어떤 사람은 절망의 단계가 어른이 될 때까지 이어진다. 시간이 흘러도 자아를 확립하지 못하는 것이다.

어른이 되면 더 이상 소리 내어 울 수 없어서 오히려 센 척하며 히스테릭하게 세상 사람들을 비판한다. 무슨 일이든 부정적으로 보고 어떤 생산적인 제안도 받아들이지 않는다. 이른바 부정적 사고 중독자가 된다.

어린 시절 애착 대상에 대한 '독점욕'이 충분히 채워지지 못한 아이는 특정 보육교사에게 집착한다. 보육교사가 다른 아이를 돌보려 하는 것도 견디지 못한다.

존 볼비는 보육교사를 독점하려는 행동만이 문제가 아니라고 설명한다. 그런 아이가 성장해 부모가 되면 단지 배우자를 독점하려는 데서 그치지 않고 가족 모두를 독점하려 든다. 아이가 가족의 울타리 밖에서 자신만의 세계를 만들려는 행동을 허용하지 않는다.

이처럼 어린 시절 충족되지 못한 애착 욕구는 어른이 되어 '가족애'라는 이름으로 포장되기도 하지만, 실제로는 가족 모두를 자신의 통제하에 묶어두려는 것일 뿐이다. 문제는 가족을 진심으로 좋아하지 않으면서도 속박하려 한다는 데 있다. 이것이 바로 정서적 이탈의 상태다.

"아이는 이별을 경험한 후 집에 돌아왔을 때, 부모 특히 어머니에게 문제 행동을 보이는 경향이 뚜렷하게 나타난다."[39]

독점욕이 채워지지 않은 채 어른이 된 사람의 행동과 유사하다. 어머니에게 문제 행동을 보이는 양상이 어른이 된 후에는 아내를 향하게 된다.

●

왜 미워하면서도
떠나지 못할까?

마마보이 남편 때문에 힘들어하는 아내들이 의외로 많다.

아무리 애써도 남편은 좀처럼 달라지지 않는다. 대부분의 마마보이 남편은 우월한 위치에 서고 싶은 열등감과 풍요롭고 안정된 삶을 누리는 타인을 향한 증오심을 품고 있다.

마마보이가 되는 원인은 어린 시절 애착 대상과의 관계가 불안정했기 때문이다. 그 원인의 뿌리는 깊지만 배우자는 그 원인을 잘 알지 못하는 경우가 많다.

심리적으로 건강한 남편은 어릴 때 애착 욕구가 충분히 채워졌기 때문에 어른이 되어서는 독점 욕구가 드러나지 않는다.

존 볼비는 아동보호시설에서 아이들을 관찰하며 연구한 결과 이렇게 말했다.

"가정에서 분리된 경험이 있는 아이는 낯선 곳에 데려가거나 낯선 사람의 보호를 받게 되면 또다시 격리되는 것은 아닌가 하는 공포를 느끼기 쉽다."[40]

그런 아이는 부모를 원망한다. 하지만 부모를 향해 "나가버려!"라고 외칠 수 있는 아이라면 오히려 감정을 표현함으로써 불만을 해소할 수 있다.

존 볼비는 건강한 가정에서 자란 아이들도 비슷한 반응을 보인다고 한다.

"건강한 가정의 일반 아동도 다양한 이유로 어머니와 떨어져 낯선 장소에서 낯선 사람과 함께 지내면 반항, 절망, 이탈등의 반응을 보인다는 결과가 명확하게 나타났다."[41]

"어머니와 애착을 형성한 영유아를 억지로 분리하면 아이는 고통스러워한다. 그리고 그 아이가 낯선 환경에서 여러 명의 낯선 사람에 의해 양육되면 그 고통은 더 커지기 쉽다. 그 아이의 행동은 일정한 순서를 따라 나타난다. 먼저 아이는 격렬하게 반항하면서 필사적으로 어머니를 되찾으려 노력한다. 그 후 아이는 어머니를 되찾을 수 없다는 사실에 절망하는 듯 보이지만, 아직 마음은 어머니에게 가 있고 어머니가 돌아오기를 기대한다. 시간이 더 흐르면 어머니에게 무관심한 듯한 반응을 나타내고, 어머니에게서 정서적으로 이탈한 듯이 보인다."[42]

이것이 바로 우울이 진행되는 과정이다.

"반항은 불안감을 표현하는 것이고, 절망은 깊은 고통과 슬픔을 의미하며, 이탈은 감정을 억누르는 방어적 반응이다."[43]

3가지 유형 중 마지막 이탈의 단계에서 억울함이나 분노 같은 감정을 표현하지 못할 때 우울증으로 이어진다.[44] 결국 불안과 고통 속에서 우울 상태에 빠지게 되면 의욕을 잃고 상처받지 않기 위해 비관주의자가 된다.

아이가 사과 반쪽을 먹고 싶어 하면 어머니는 사과를 반으로 잘라주고 아이는 만족해한다. 아이는 원하는 것을 얻어 안심하면서 신뢰 관계가 생겨난다.

"신뢰하는 존재가 곁에 있다면 어떠한 상황이든 두려움이 줄어든다. 이와 반대로 혼자가 되면 어떠한 상황이든 두려움은 커진다. 사람마다 두려움에 얼마나 민감하게 반응하는지는 애착 대상의 존재 여부에 따라 크게 좌우된다."[45]

신뢰하는 존재가 애착 대상의 역할을 대신할 수 있다. 그리고 두려움에 대한 민감도란 쉽게 말해 얼마나 두려워하는가를 말한다.

"필요한 순간에 애착 대상이 곁에 없을 수 있다는 것만큼 두려운 일도 없다."[46]

누군가를 의지하고 싶을 때 그 사람이 곁에 있어주고, 내 마음에 반응해줄 수 있는지가 중요하다. 그러한 존재를 애착 대상이라 하고, 그 대상이 정서적으로 얼마나 믿을 만한지(유효성)는 접근성과 응답성에 달려 있다.

여기서 접근성이란 가까이 다가갈 수 있는가를 의미한다. 접근성이 낮을 때 불안정 애착이 형성된다. 불안정 애착을 가진 사람은 질투심이 많고, 소유욕이 강하며, 탐욕스럽고, 미성숙하며, 과도하게 의존적인 특징을 보인다.[47]

요컨대 불안정 애착은 단순히 마음이 여린 상태가 아니라 끈질기고 집요하게 매달리는 방식으로 나타난다. 불평하면서도 집착하는 모습이다.

결국 불안정 애착은 애정인지 증오인지 모를 감정으로 이어진다. 좋아하는지 싫어하는지는 모르지만, 그저 곁에 있어주기만 하면 된다는 식의 관계가 반복되는 것이다.

사랑을 확인하는 것은 집착이다

정신과 의사이자 정신분석학자 존 볼비가 말하는 불안정 애착은 집착을 의미한다. 그러나 단순히 타인에 대한 집착만 있는 것이 아니다. 자신에게 불안정 애착을 보이는 자기 집착도 있다.

자기 집착이 강한 사람은 결국 불안정 애착이 강한 사람이다. 자신만 생각하는 자기 집착은 곧 정서적으로 미성숙하다는 말이다.

이런 사람은 미움받을까 봐 두려워 지레 겁먹고 상대방의 눈치를 보며 비위를 맞추느라 지친다.

이들에게 사랑받는 것은 그리 중요하지 않다. 단지 자신의 불안감을 달래줄 수 있다면 누구든 상관없다. 심지어 겨울에 등산하다 길을 잃고 산속에 갇혔는데도 우연히 그곳을 지나가던 사람에게 잘 보이려고 한다. 하지만 그 사람을 위해 뭔가를 해줄 마음은 없다. 설령 집에 있다 해도 산속에서 길을 헤매는 사람처럼 불안한 상태다.

불안정 애착 유형이라는 것은 애착 대상의 접근성과 응답성이 불안하다는 뜻이다. 나에게 중요한 사람이 언제든 내 곁을 떠날 수 있다는 불안을 품고 살아간다는 말이다.

예를 들어 일상적인 상황에서 상대방의 기분이 조금이라도 좋지 않으면 불안하다. 상대방의 호의가 진심인지 아닌지를 확신하지 못하면 불안하다. 따라서 상대방의 기분이 좋지 않으면 겁이 나고 굉장히 불안해진다.

불안정 애착 유형은 상대방의 기분이 항상 좋아야만 마음이 놓이기 때문에 끊임없이 확인하고 집착한다. 상대가 기분이 좋아 보이지 않으면 견디지를 못하고 괜한 트집을 잡는다.

직접적으로 공격하는 것이 아니라 "네 목소리 별로야"라거나 "말투가 좀 불편하네", "태도가 좀 이상하네"라는 식으로 상대방을 질책한다.

결국 이들은 상대의 기분에 휘둘리며 끊임없이 불안해하고 관계 안에서조차 마음 편히 머무르지 못한다. 스스로 안정되지 않은 사람은 아무리 사랑받아도 사랑을 느끼기 어렵다.

반응을 얻지 못하면
마음이 무너진다

　불안정 애착을 가진 사람이 탐욕스러울 수 있다는 것이 이해되지 않을 수도 있다. 그러나 탐욕은 유아기에 기본적인 정서적 욕구가 충족되지 않았기 때문에 생기는 현상이다. 마음 깊은 곳에서 충분히 사랑받지 못하고, 안정감을 느끼지 못했기 때문에 끊임없이 불안하고, 계속해서 더 많은 것을 갈구하는 심리다.

　심리적으로 건강한 사람은 탐욕스러운 사람을 보면 '왜 저렇게 욕심을 부릴까?', '왜 바라는 게 저렇게 많을까?', '어째서 지금 가진 것에 만족하지 못할까?' 하고 의아하게 생각한다.

　왜냐하면 그들은 어린 시절에 이미 기본적인 정서적 욕구가 충족되었기 때문이다. '어머니는 나만의 어머니'라는 것을 충분히 확신하고 경험한 사람은 내면이 안정되어 있다. 그런 사람은 저녁노을을 보면 아름답다고 느끼고, 산들바람을 맞으면 마음이 편안해진다.

　하지만 어머니가 나만의 어머니라는 경험을 해보지 못한 사람, 즉 정서적 독점 욕구가 채워지지 않은 사람은 평온한 마음을 가지지 못한다. 저녁노을도 산들바람도 그 자체가 사람을 행복하게 해주는 것은 아니다. 기본 욕구가 채워지지 않은 상태로는 어떤 풍경을 봐도 감흥이 없다.

기본적인 정서 욕구가 채워지지 않은 사람은 왜 멋진 풍경을 음미하지 못할까? 왜 아무것도 느끼지 못하는 걸까?

예를 들어 봄을 즐기는 상황을 떠올려보자. 심리적으로 건강한 사람은 '아, 이렇게 봄을 즐길 수 있어서 정말 다행이야!'라며 감사한 마음을 가진다. 반면 탐욕스러운 사람은 '왜 더 많이 즐기지 못했지?'라며 불평한다. 충족되지 못한 내면은 순간을 충분히 누리지 못하게 만든다.

또한 불안정 애착을 가진 사람은 뭔가 사정이 있어 가까이 다가가지 못하거나 반응을 얻지 못하면 크게 상처받는다. 예를 들어 칭찬받을 거라고 생각하며 어떤 일을 했는데 상대가 아무런 반응을 보이지 않으면 상처받는다.

"와, 너무 잘했다!"라는 칭찬을 받을 거라고 기대하며 다가갔는데 애착 대상이 아무 말 없이 그 자리를 떠났다고 하자. 이럴 때 불안정 애착 유형은 정서적으로 성숙한 어른은 상상할 수도 없을 만큼 큰 상처를 입는다.

상대에게 바라는 마음이 클수록 충격도 크다. 그 자리에서 즉시 반응을 얻지 못하면 패닉 상태에 빠져 무력감을 느끼고 우울해하기도 한다.

이럴 때 정서적으로 성숙한 어른이라면 '어떻게 하면 반응을 얻을 수 있을까?' 하고 궁리한다. 어떻게 하면 상대방이 관심을 기울일지 방법을 찾는 것이다. 하지만 불안정 애착 유형은 그럴 만한 심리적 여유가 없다. 상처 입은 자신의 감정에 압도되어 상대방의 입장을 이해하거나 상황을 유연하게 받아들이지 못한다.

기대와 현실의 차이에서
받는 상처

불안정 애착을 일상적인 언어로 표현하면 한마디로 '까탈스러움'이다.

자신이 이런 이야기를 하면 상대방이 '이렇게 반응하겠지' 하고 기대하는 상황을 예로 들어보자. 티 나지 않고 자연스럽게 자랑하고는 상대방에게서 "대단하다!"라는 반응이 돌아올 거라고 기대했는데, 생각만큼 큰 반응이 없다면 금세 상처받고 기분이 상하고 만다.

어떤 사람의 험담을 했다고 하자. 듣고 있던 사람이 "어머, 그렇게 나쁜 사람인 줄 몰랐어. 그런데도 넌 참고 있었어? 힘들었겠다"라고 말해줄 거라고 믿었는데, 상대방의 반응이 미적지근하게 "아, 그래"라는 한마디뿐이었다.

그러면 그때까지는 기분 좋게 이야기하다가 갑자기 기분이 나빠진다. 상대방의 반응이 애정 욕구를 채워주지 않기 때문에 갑자기 흥이 깨진 것이다.

상대방은 자신의 반응이 말하는 사람에게 이 정도로 영향력이 있을 줄은 꿈에도 생각하지 못한다. 그저 평범하게 반응했을 뿐인데, 갑작스러운 기분 변화에 당황하고 만다. 그리고 "저 사람은 좀 까탈스러워"라며 한숨짓는다. 그렇게 서로의 마음이 조금씩 어긋난다.

●

마음의 상처가
오래가는 이유

작은 일에도 지나칠 정도로 화내는 사람이 있다. 아무래도 상관없는 사소한 일이 그 사람에게는 결코 작은 일이 아니다.

게다가 그 분노는 좀처럼 가라앉지 않는다. 그 이유는 단지 지금 일어난 일 때문이 아니라 과거에 쌓여 있던 감정의 찌꺼기들이 함께 폭발했기 때문이다.

현재의 사건이 과거부터 쌓인 상처와 분노를 자극하면서 지나치게 큰 감정 반응으로 이어진 것이다. 겉으로 보기에는 사소한 일에 잠을 못 이루기까지 하느냐고 하지만, 마음속에서는 과거부터 쌓여온 화에 불이 붙은 것이다.

예를 들어 오랫동안 교활한 사람에게 이용당해 상처받은 사람이 있다고 하자. 그 마음의 상처가 봄까지 녹지 않고 남은 잔설처럼 오랜 시간에 걸쳐 그 사람의 마음에 쌓여 있다.

그러다 또다시 이용당했을 때 축적된 감정적 기억을 자극한다. 이렇게 되면 사소한 일로도 잠들지 못하고, 아무렇지 않아야 할 작은 일이 큰일이 되고 만다.

'이런 일 정도는 별것 아니야'라고 머릿속으로는 이해하지만 분노는 지워지지 않는다. 무의식에 쌓인 분노이기 때문이다.

자기 의지로
자기 인생을 선택할 기회

신경증적 성향이 강한 사람은 불쾌한 감정을 참지 못한다. 왜냐하면 인격 통합성을 잃어버렸기 때문이다. 인격 통합성이란 내 안의 여러 감정과 생각, 과거의 경험과 현재의 내가 서로 모순 없이 잘 연결되어 있는 상태를 말한다. 의식과 무의식이 분리되어서 자아의 정체성이 자리 잡지 못한 것이다.

신경증적 성향이 강한 사람은 자신을 객관적으로 바라보지 못한다. 아무런 근거 없이 자신은 가치 없는 존재라고 생각하기도 한다.

그래서 같은 말을 듣더라도 자기를 비하하는 사람과 그렇지 않은 사람은 다르게 반응한다. 특히 과장된 자아상을 지닌 사람은 무의식 속에서 자기를 비하하고 주변 사람들을 적으로 인식한다. 다른 사람의 단순한 의견도 비난으로 받아들이고 굴욕감을 느낀다.

이들은 마음속의 허전함을 돈으로 채우고, 이루지 못한 자아실현을 권력으로 메우려 한다. 그것이 어린 시절 채우지 못한 어머니의 사랑을 대신 메우려는 것임을 깨닫지 못한다.

지금까지 열심히 살아온 것도 부모나 주변 사람의 기대에 부응하기 위한 것이지, 자신이 원해서 한 일이 아니다. 그저 결핍을 채우기에 위해 열심히 달려온 것이다.

어떤 일이나 행동을 일으키는 데는 성장 동기와 결핍 동기가 있다. 성장 동기는 자신의 성장을 추구하는 욕구이며, 결핍 동기는 부족한 것을 채우려는 욕구다. 예를 들어 유아기에 채워지지 않은 독점욕을 채우려는 욕구는 결핍 동기에 해당한다.

돈을 벌기 위해 애쓰는 사람은 돈으로 기본적인 욕구 불만을 해결하려 하는 것이다. 하지만 부자인데도 극단적 선택을 하는 사람도 있다. 이것은 유아기에 채워지지 않은 '나만의 어머니'라는 독점욕이 돈으로는 채울 수 없다는 사실을 말해준다.

돈을 벌어서 행복해진다면 다행이지만 현실은 그렇지 않다. 그러니 남들이 부러워하는 부자라고 해도, 아무리 명예를 드높여도 행복해지지 않는 것이다.

주변 사람들은 "왜 저렇게 돈을 벌려고 아등바등하지?"라며 의아해한다. 자신도 이렇게 풍족한데 왜 마음 한쪽 구석이 허전한지 알아차리지 못한다.

자신의 내면을 모르고 그저 타인의 기대에 맞춰 수동적으로 열심히 살아간다면 결국 한계에 부딪혀 스트레스를 받을 수밖에 없다.

스트레스를 참고 견디며 에너지를 쓰는 사이 '나는 누구인가'에 대한 관심은 멀어져간다. 그렇게 계속 애쓰며 무리해서 살다 보면 번아웃 증후군에 빠진다.

미국의 심리학자 댄 카일리는 이렇게 말했다.

"나는 누구인가를 진지하게 생각하지 않으면 자기 의지로 자기 인생을 선택할 기회를 잃게 된다."

결국 자신을 제대로 바라보지 못하면 세상과의 관계 속에서 끊임없이 상처받는다. 타인의 말에 쉽게 흔들리고, 사소한 일에도 민감하게 반응하며 점점 더 고립된다.

자신을 있는 그대로 받아들이고 정서적으로 통합되어야 비로소 다른 사람들과 건강한 관계를 맺을 수 있다.

마음이 굳어 있으면 작은 충격에도 쉽게 무너진다.
그래서 마음이 다시 본래대로 돌아오는
유연성과 회복탄력성을 키워야 한다.
흔들림을 두려워하지 않고 받아들이면
무너지지 않고 오히려 더 단단해질 수 있다.

4장

흔들리면서 다시 돌아오는 마음 설계도

미래가 두려운 건
미지의 자신이다

개에게 새로 큰 집을 만들어준 주인이 있었다. 그런데 개는 그 새집에 들어가지 않고 계속 낡은 집에서만 자려고 했다.

그러자 주인은 개가 낡은 집에 들어가지 못하도록 입구를 판자로 막아버렸다. 다음 날 아침에 일어나 보니 개가 낡은 집 지붕 위에서 자고 있었다.

위와 비슷한 이야기가 심리치료사인 뮤리엘 제임스의 《아이는 성공하기 위해 태어난다》에 실려 있다.

어떤 사람이 숲속을 걷다가 어린 새 한 마리를 발견했다. 남자는 새를 잡아 집으로 데려가서는 마당에 풀어놓았다. 그러자 새는 닭 모이를 먹고 닭처럼 행동했다.

그 집에 동물학자가 들러서 저것은 닭이 아니라 독수리라고 주장했다. 하지만 주인은 닭처럼 키웠고 날지도 못하니 독수리가 아니라고 주장했다.

둘은 누구의 말이 옳은지 시험해보기로 했다. 동물학자는 살포시 독수리를 끌어안고 "너는 땅에 속한 존재가 아니다. 하늘에 속한 존재다. 날개를 펼쳐 날아보아라"고 말했다.

하지만 독수리는 날기는커녕 당혹스러워하며 닭의 무리를 떠나지 않으려 했다. 이튿날 동물학자는 독수리를 지붕 위에 올려놓고 같은 말을 반복했다.

하지만 독수리는 닭 모이를 먹으러 땅으로 뛰어내렸다. 그다음 날 아침에 동물학자는 독수리를 높은 산으로 데려가 한 번 더 같은 말을 했다. 독수리는 주위를 둘러보더니 날지 않았다.

동물학자는 태양을 향해 독수리를 들어 올렸다. 그제야 독수리는 몸을 부르르 떨더니 천천히 날개를 펼쳐 하늘로 날아올랐다.

이 이야기에서 독수리가 땅으로 내려오고 마는 이유는 미지의 자신과 미지의 세계를 두려워하기 때문이라고 설명한다.

사람은 익숙한 세계에서 벗어나는 걸 두려워한다. 우리는 미지의 자신을 두려워한다. 여기에서 말하는 자신이 모르는 세계란 아직 가보지 못한 낯선 장소를 말하는 것이 아니다. 자신이 모르는 내면의 세계를 가리킨다.

●
무리하며 애써온 결과가
불행이라면

사람은 처음 만난 인간 모델에 집착하는 경향이 있다. 우리는 '인간은 이러이러한 존재다'라는 인간 모델을 오직 부모라는 단 하나의 모델을 참고해서 만든다.

라디오 인생 상담 코너에서 아무리 고민을 해결할 방법을 제안해도 효과가 없는 이유는 바로 이 때문이다.

고민을 털어놓는 사람은 정말 놀랍게도 마음을 닫아버린, 마음 놓침 상태가 몸에 밴 경우가 많다. 그래서 주변 사람들이 아무리 다양한 방법을 제안해도 이를 실행하지 못한다.

예를 들어 어린 시절 알코올의존증이 있는 부모 밑에서 자란 아이는, 그 부모가 늘 큰 소리로 고함치고 거칠게 행동하는 모습을 보아왔기 때문에 '알코올의존증 환자는 당연히 저렇게 행동하는 것'이라고 믿는다.

마찬가지로 무슨 일이든 "네, 네" 하고 복종하지 않으면 금세 화를 내며 폭력적으로 변하는 부모 밑에서 자란 아이는 '부모란, 나아가 인간이란 그런 존재'라고 자연스럽게 받아들인다. 그리고 성인이 되어서도 갈등이 생기지 않도록 무조건 자신을 눌러가며 관계를 유지하려 한다.

따라서 인간관계에서 오는 갈등에 대해 "이렇게 하는 편이 좋습니다"라고 제안해도 그대로 실행하려 하지 않는다.

정말 다양한 인간 모델을 가지고 자란 사람을 만나기는 어렵다. 대부분 어린 시절 한정된 경험 속에서 형성된 인간관계를 평생 되풀이한다.

이렇게 평생 잘못된 행동을 반복하다 보면 애써 노력하고 무리해서 희생을 치르면서도 결국은 불행한 것이다.

●

불행 속에서 최고의 나를
마주할 수 있다

우리는 왜 별것 아닌 작은 불행조차 견디지 못하는 것일까?

그 이유는 작은 불행이 마음속에 억누르고 있는 큰 불행을 자극하기 때문이다.

지금 겪고 있는 작은 불행이 의식에서 밀어냈던 과거에 견딜 수 없었던 큰 불행을 다시 떠오르게 만든다. 이런 경우, 그 사람은 이미 내면 깊숙한 곳에서 심각한 갈등을 겪고 있으며, 감당하기 힘들 만큼 마음의 용량을 초과한 상태다.

그렇다고 해서 스스로 변하기가 쉬운 일도 아니다. 사람은 누구나 변화를 두려워한다는 사실을 알아야 한다.

뮤리엘 제임스는 《아이는 성공하기 위해 태어난다》에서 다음과 같이 말한다.

"현대인은 다양한 가면을 쓰고 살아간다. 그리고 자신의 진짜 모습과 마주하는 것을 두려워한다. 대부분 자신의 진짜 모습과 마주하게 되면 최악의 모습을 발견하는 것은 아닐까, 하고 예상한다. 하지만 사실은 그렇지 않다. 마음 깊이 숨어 있는 두려움은 어쩌면 자신의 가장 좋은 모습을 발견하게 될지도 모른다는 데 있다."[48]

그렇다면 왜 최악이 아닌 최고의 내 모습조차 마주하기 힘든 것일까? '최악의 나'는 지금의 실패나 불행을 외부 탓으로 돌릴 수 있게 해준다. 환경 탓, 부모 탓, 운명 탓으로 돌리며 책임을 피할 수 있다. 하지만 '최고의 나'를 마주하는 순간, 나는 이미 그 가능성과 잠재력을 지닌 사람이 되므로 더 이상 누구의 탓도 할 수 없다.

그 모습이 보인다는 것은, 더 나은 삶을 살아갈 능력이 내 안에 있었다는 뜻이고, 그동안 내가 하지 않았던 선택들과 기회를 외면해온 것에 대한 책임이 모두 내 몫으로 돌아온다는 뜻이다.

그래서 우리는 가장 좋은 나의 모습을 마주하는 것조차 두려워한다. 그것은 단지 기쁨의 발견이 아니라, 변화와 책임, 그리고 자기의 삶을 살아야 한다는 깊은 자각을 동반하기 때문이다.

중요한 것은 내가 얼마나 부족한가가 아니라, 내가 얼마나 더 나아질 수 있는가이다. 우리는 변화의 고통보다 가능성의 무게를 감당하지 못해 주저앉는다. 그러나 진정한 회복은 그 가능성을 인정하는 순간 비로소 시작된다.

●

두려움의 90%는 아직 일어나지 않은 일

마틴 셀리그먼의 실험에 따르면 어떤 일로 인해 몸에 밴 무력감은 전이된다고 한다. 마찬가지로 어떤 일로 몸에 밴 두려움은 다른 상황에서도 작용한다.

어릴 때부터 아버지를 두려워하며 자란 사람은 어른이 되어 다른 사람과 마주했을 때 두려운 마음이 앞선다. 걸핏하면 화를 내는 부모 밑에서 자란 사람은 어른이 되어 자신을 사랑하는 사람에게도 무서워서 하고 싶은 말을 제대로 하지 못한다.

실제로는 무서워할 이유가 전혀 없는데도 두려움으로 불행한 일생을 보내는 사람이 얼마나 많은지 모른다.

'먹어보지도 않고 싫어한다'라는 말이 있다. 먹어보지 않으면 맛있는지 맛없는지 모른다. 그런데 먹어보지도 않고 맛없다고 단정 짓는다.

우울증 환자들은 이런 사고방식을 갖고 있다. 손실 가능성을 기정사실이라고 생각한다. 될지 안 될지 모르는 일을 두고 우울증 환자들은 안 될 게 뻔하다고 여긴다. 해보지 않으면 모르는 일을 될 리 없다고 단정 지어버린다.

두려움도 마찬가지다. 앞으로 일어날지 안 일어날지 모르는 일을 미리부터 두려워하니 사는 것이 힘들 수밖에 없다. 나는 왜 이렇게 힘들지, 하고 원망하느라 몸과 마음이 지칠 대로 지친다.

사실은 무섭지 않은 것을 무서워하며 자신을 소모하고 있는 것이 아닌가?

"이건 무서운 게 아니야"라고 자신에게 들려주자. 동시에 "이건 그렇게 하기 싫은 일은 아니야"라고 자신에게 들려주자.

뭔가 나쁜 일을 겪으면 싫지 않은 일도 싫다고 느껴지도록 마음이 작용한다. 저절로 무섭다고 느끼는 마음 상태가 되어 버린다.

심리학자 데이비드 시버리는 "자신에게 무서운 것이 있다고 단정 지어서는 안 된다"[49]라며 다음과 같은 이야기를 들려주었다.

매사추세츠 해안가에 오랫동안 임차인을 찾지 못한 별장이 하나 있었다. 사람들은 그 집에 등을 든 유령이 나타난다고 믿었다.

이윽고 한 여성이 그 별장을 빌리게 됐다. 그런데 한밤중이 되자 번쩍이는 빛과 함께 허연 사람의 형체가 어둠 속에서 다가왔다. 그러자 그녀는 허연 형체를 향해 걸어갔다.

그때 갑자기 그녀의 손이 커다란 전신거울에 부딪혔다. 허연 사람의 형체는 나이트가운을 걸친 그녀 자신이 거울에 비친 모습이었다. 그리고 번쩍이는 빛은 등대 불빛이 방 안으로 비쳐 들어온 것이었다.

우리가 두려워하는 것의 정체는, 알고 보면 대부분 실체 없는 그림자에 불과하다. 두려움을 마주할 용기를 낼 때, 비로소 두려움은 힘을 잃는다.

정말 무서운 건 두려움 자체가 아니라, 그것에 지배당한 채 살아가는 삶이다. 어두운 길을 걸어가기 어렵다면 손전등을 비추면 된다. 용기만 있다면 얼마든지 길을 걸어갈 수 있다.

불평으로는 상대의 마음을 움직일 수 없다

고민만 하는 사람과 문제를 실제로 해결하려는 사람은 애초에 시선 자체가 다르다. 고민만 하는 사람은 언제나 불만에 집중한다.

그 사람에게 중요한 건 문제를 해결하는 것이 아니라, '내가 얼마나 힘든지, 얼마나 고생하고 있는지'에 대해 이야기하는 것이다.

고민만 하는 사람은 사실 불평한다고 문제가 해결되지 않는다는 것을 알고 있다. 그럼에도 불구하고 계속해서 불만을 말한다.

왜냐하면 그 불평 속에는 해결되지 않은 분노와 원한, 그리고 누군가를 향한 원망이 숨어 있기 때문이다. 그래서 이들에게 진짜 중요한 일은 '문제 해결'이 아니라, '내 마음속 분노를 표현하는 것'이다.

그 표현 방식이 바로 끊임없는 불평이고, 자신이 겪는 고통을 반복해서 강조하는 것이다.

이러한 이유로, 고민만 하는 사람과 실제로 문제를 해결하고자 하는 사람이 대화를 나누면 둘 다 스트레스를 받는다. 한쪽은 '이 상황을 어떻게든 풀어가고 싶다'고 생각하지만, 다른 한쪽은 '내가 얼마나 힘든지 알아달라'는 감정에만 머물러 있기 때문이다.

문제를 해결하려는 사람이 보기에는 고민하는 사람이 꼭 하고 싶어 하는 말들이 오히려 상황을 더 악화시킬 수 있다.

예를 들어 "네가 그렇게 하니까 일이 이렇게 꼬였잖아!"라고 상대를 질책하는 것이다. 이런 말은 감정을 푸는 데는 도움이 될지 몰라도, 문제를 해결하는 데는 아무런 도움이 되지 않는다. 오히려 상황을 더 복잡하게 만들 뿐이다.

부부 사이든, 상사와 부하 사이든, 부모 자식 사이든, 대부분의 문제는 인간관계에서 발생한다. 그리고 인간관계에서의 갈등은, 그 사람의 말이 '문제를 풀기 위한 말인지', 아니면 '분노를 표현하기 위한 말인지'에 따라 전혀 다른 방향으로 흘러간다.

고민만 하는 사람은 자신의 감정을 쏟아내야만 직성이 풀린다. 그에게 가장 우선순위는 하고 싶은 말을 하는 것이며, 상대방의 입장이나 관계는 그다음 문제다.

그러나 정말 문제를 해결하고 싶다면, 감정에 이끌려 말하는 것을 멈추고, 지금 이 상황에서 가장 효과적인 말이 무엇인지 한 번쯤 생각해볼 필요가 있다. 그렇지 않으면 결국 서로 감정만 상할 뿐 아무것도 해결되지 않은 채 끝나고 만다.

고민을 현미경으로
들여다보지 마라

고민을 지나치게 파헤치고 반응하는 것은 사물을 미세한 현미경으로 들여다보는 것과 같다. 막상 부딪혀보면 그렇게 큰 어려움이 아닐 때도 있다.

밤에 잠을 못 이룰 정도로 힘들다고 느끼는 이유는 우선 문제에 맞설 에너지가 부족하기 때문이고, 이것이 사태를 실제보다 더 심각하게 만든다.

에너지 부족과 두려움이 문제를 더 크게, 더 위협적으로 느끼게 만드는 악순환으로 이어진다.

두려운 마음을 갖고 있으면 실제로 위협적이지 않은 사람도 위협적으로 느껴져서 그 사람을 만나는 것이 두려워진다. 상대방은 위협할 생각이 전혀 없는데, 본인이 심리적으로 위축되어 있기 때문에 위협당한다고 느끼는 것이다. 상대를 만나기 전부터 두려움에 에너지를 소모하고 아무것도 하지 않았는데도 피곤하다.

예측할 수 없는 일에 맞서거나 기대했던 것과 어긋났을 때 에너지가 빠져나간다. 자신의 예상이 틀리면 자신이 감당할 수 없는 일이라고 여기게 되고, 그 순간 에너지가 빠져나간다. 괴로워도 자신이 감당할 수 있다고 믿으면 다시 일어설 수 있다.

이런 심리 상태에서 주변에 비위를 맞춰주는 사람이 있으면 잘못된 길로 들어서게 될 가능성이 크다. 교활한 사람은 상대가 떨고 있다는 것을 금방 알아차리고, 이를 틈타서 얕잡아보고 괴롭히기 시작한다.

누군가와 만나기를 무서워하면 이를 눈치챈 상대방은 위축된 사람을 이용하기 시작한다. 위축된 사람을 괴롭힘으로써 자기 내면의 상처를 치유하려 든다.

일단 괴롭힘이 시작되면 당하는 쪽은 괴롭히는 사람을 위협적인 존재로 느끼게 된다. 괴롭히는 사람이 실제로는 약한 사람이라고 해도 아주 거대한 사람으로 느끼는 것이다.

결국 우리가 두려워하는 이유는 문제 자체가 아니라, 그것을 감당할 힘이 내게 없다고 믿는 마음 때문이다. 두려움은 현실을 왜곡시키고, 상대를 실제보다 크게 만들며, 나를 더 작아지게 만든다. 그러니 지금 필요한 것은 문제를 파고드는 에너지가 아니라, 내 안에 힘이 있다는 믿음이다.

한 걸음에 10cm를 가더라도 멈추지 않는 것이 중요

누구도 나를 놀리지 않았는데 스스로 놀림거리가 됐다고 착각하는 사람이 있다. 누구도 무시하거나 비난하지 않았는데 비난당했다고 착각한다.

모든 것이 억울하고 모든 사람이 미워져서 용서할 수 없다. 심한 경우 세상의 모든 인류를 원망하면서 이 세상이 멸망하기를 바라기도 한다.

이런 사람들의 마음은 한시도 고요할 틈이 없다. 아침에도 점심에도 밤에도 화장실에서도 숨을 들이마실 때도 숨을 내쉴 때도 내면의 갈등이 끊임없이 반복되어 몸까지 지치고 만다.

이와 같은 고통에 붙잡혀 있는 삶은, 지금 벗어나려 애쓰고 있는 외적인 고통보다 훨씬 더 끔찍하다.

그렇다면 죽을 때까지 괴로운 일이 이어져도 견뎌내겠다고 각오하고 새로운 내일이 다가올 거라고 믿을 것인가, 아니면 희망을 버리고 지옥에 떨어질 것인가?

우리는 하루하루 그런 선택을 강요받으며 살아간다.

하지만 아무리 가혹한 운명이라 해도 결국은 자신의 운명을 받아들여야 한다. 그것을 주어진 도전 과제로 받아들이는 것이다.

신이 내 능력을 시험하기 위해 나를 지옥에 빠트렸다고 생각하자. 나의 인내를 시험하기 위해 이곳에서 벗어나려는 나를 다시 지옥으로 내던졌다고 생각하자. 그 시련은 나를 부수기 위한 것이 아니라, 나의 강인함을 증명하기 위한 것일 수도 있다.

그리고 시련을 이겨냈을 때는 건강한 환경에서 자라난 사람이 누리는 그 어떤 보상보다 훨씬 더 본질적이고 내적인 영광을 거머쥘 수 있다.

그러므로 내일은 반드시 할 수 있다는 희망을 품어야 한다. 매일 배신당하더라도 죽는 날까지 마지막 희망을 버려선 안 된다.

심리학자 알프레드 아들러는 "성공이란 부지런히 등을 구부리며 묵묵히 나아가는 자벌레와 같은 것이다"[50]라고 말했다.

자벌레는 등도 곧지 못하고 걷는 속도도 느리다. 어쩌면 다른 이들의 눈에는 한심해 보일지도 모른다. 하지만 자벌레는 결코 멈추지 않는다. 온몸을 웅크렸다 펴고, 또 웅크렸다 펴면서 한 걸음, 또 한 걸음 내딛는다. 자벌레는 아주 작고 느리지만 자신만의 방식으로 멈추지 않고 앞으로 나아간다.

삶은 거창한 도약이 아니라, 끝없이 반복되는 아주 작은 움직임으로 이루어진다. 희망도 마찬가지다. 거대한 확신이 아니라 오늘 하루를 견디는 사소한 의지에서 시작된다. 누군가의 눈에는 더딘 걸음일지라도 포기하지 않고 걷는 사람은 그 누구보다 단단한 사람이다.

성공이란 매일매일 불쾌한 일과 마주하더라도 의욕을 잃지 말고 묵묵히 앞으로 나아가는 데 있다. 불안해도, 무서워도, 외로워도, 좌절해도 자벌레처럼 조금씩 꾸준히 한 걸음씩 내딛는 것이다.

열등감은
자기 멋대로 붙인 꼬리표

 사람들은 다른 사람과 자신을 비교하다가 부족한 점이 단 하나라도 발견되면 그것만으로도 자신이 열등하다고 여긴다. 특히 우울증이 있는 사람에게는 이런 경향이 두드러진다.

 직장에서 업무 성과를 잘 내고 있는데도 다른 사람이 더 좋은 대학을 나왔다면 그것만으로도 자신이 상대방보다 못하다고 생각한다.

 세상에 완벽한 사람은 없다. 누구나 잘하는 부분이 있다면 남보다 모자란 부분이 있게 마련이다. 문제는 그 모자란 부분을 어떻게 받아들이느냐에 있다.

 하지만 열등감이 심한 사람은 "이 점은 내가 부족해. 하지만 난 이러이러한 일을 해냈어"라는 식으로 자신을 균형 있게 바라보거나 평가하지 못한다.

 특히 우울증이 있는 사람은 구체적으로 "난 ○○이 부족해"라고 말하지 않고, 그저 "난 열등해"라는 식으로 자신을 표현한다. 자신을 부정하는 방식이 굉장히 막연하면서도 극단적이다.

어떤 현상을 지나치게 흑백으로 나누면서 자신을 비난하는 마음에서 벗어나기 위해서는 '유연한 태도'가 필요하다.

유연한 태도를 기르기 위해서는 상대가 부정적인 행동을 하더라도 그럴 만한 이유가 있을지도 모른다는 점을 기억해두면 도움이 된다.

우리가 보기에는 이해하기 어렵더라도 일부러 인색하게, 잔혹하게, 까다롭게, 완고하게, 과묵하게, 무성의하게, 경솔하게, 신경질적으로 행동하는 사람은 좀처럼 드물다.

불쾌한 특성을 일부러 키우면서 살아가는 사람은 없다. 자신에게 해당하는 특성을 골라 어떤 상황을 상상해보자. 예를 들어 누군가에게 보낼 선물을 할인받아서 샀다고 하면 자신을 인색하다고 여기겠는가, 아니면 검소하다고 여기겠는가.

봄날의 어느 금요일, 학교에 간 아이를 조퇴시켰다면 자신을 무책임하다고 여기겠는가, 아니면 여유를 즐길 줄 아는 사람이라고 여기겠는가.

대부분 어떤 행동이든 부정적으로 볼 수도 있고 허용 범위 내에 있다고 볼 수도 있다. 또, 충분히 그럴 만하다고 여길 수도 있다.

사물을 다양한 관점에서 바라보는 태도는 생각보다 훨씬 큰 성과로 이어진다.

우선 어떤 상황에 반응하는 다양한 방식을 생각할 수 있기 때문에 그만큼 선택지가 늘어난다. 자기 멋대로 꼬리표를 붙이고 그것만 생각해서는 무의식적인 반응밖에 얻을 수 없고 선택의 폭도 좁아진다.

또한 다른 사람도 자신과 그리 다르지 않다는 걸 이해하게 되면 공감할 수 있기 때문에 반응의 폭도 넓어진다. 이렇게 되면 상황을 괜히 확대 해석해서 쓸데없이 반감을 품는 일도 없다.

이런 유연한 태도를 자신의 행동에 적용하면 변화할 가능성이 더욱 커진다.

심리학자 엘렌 랭어는 치료받으러 온 환자들에게서 특이한 점을 발견했다. 대부분 '나는 변할 거야'라는 강한 의지를 가지고 찾아왔는데도 그들은 더 이상 앞으로 나아가지 못하는 것이다. 그들의 태도나 언행에 변화의 의지가 배어 있는데도 말이다. 도대체 무엇 때문일까?

알고 보니 그들은 자신들이 무척 즐겨 하던 행동, 즉 강박적인 행동을 무조건 바꾸려고만 했다. 하지만 강박적인 행동은 겉보기에는 문제처럼 보이지만 사실 나름의 이유와 기능이 있고, 때로는 스스로를 보호하는 수단이 되기도 한다.

이러한 행동은 굳이 없애야 할 것이 아니라 '내가 자발적으로 선택할 수 있는 행동 중 하나'라는 새로운 관점에서 바라봐야 한다.

자신의 행동을 바꾸는 것은 부정적인 무언가를 바꾸는 일이 아니라, '이 행동을 계속할 것인가, 아니면 새로운 방식으로 해 볼 것인가'라는 긍정적인 2가지 선택지 중 하나를 선택하는 일이라는 관점으로 접근할 필요가 있다.

결국 우리가 원하는 변화는 자신을 부정하는 데서 출발하는 것이 아니다. 있는 그대로의 나를 관찰하고 이해하면서, 나 자신에게 더 적합한 길을 찾아나가려는 유연한 태도에서 시작된다.

●

'지금 이 모습 그대로 괜찮아'의 반전

고양이를 개로 키우는 것은 고양이의 본능을 부정하는 일이다. 고양이의 발과 개의 발은 다른데, 개로 훈련받는다면 고양이의 삶은 부자연스러울 수밖에 없다.

원래 고양이 같은 존재를 개로 키우는 부모는, 부자연스럽게 사는 고양이를 보면서 "지금 이 모습 그대로 괜찮아"라고 말한다.

아이를 '있는 그대로의 모습'으로 살 수 없게 키워놓고는 "지금 이 모습 그대로 괜찮아"라고 말한다.

이런 환경에서 성장하면 자신이 어떤 존재인지 도무지 알 수 없다. 결국 자기만 불행하다는 생각에 사로잡히게 된다.

정체성이 완전히 파괴된다는 것은 쉽게 말해 마음이라는 거울이 깨지는 것이다. 사람은 자신을 마음이라는 거울에 비추어 판단한다. 그런데 거울이 깨져 있다면 자기 자신을 볼 수 없다. 자신도 자기가 어떤 사람인지를 모르는데 누구를 믿어야 할지 모르는 것이 당연하다.

이렇게 되면 무조건 "넌 참 아름다워"라고 말해주는 사람만을 따라가게 된다. "네 얼굴에 진흙이 묻어 있으니 씻고 오라"고 말해주는 사람은 싫어하는 것이다.

자기 마음의 거울이 깨지면 상대방의 얼굴을 보고 기뻐하거나 슬퍼하게 된다. 자신을 볼 수 없으니 "지금 내 얼굴 어때요?"라고 남에게 물어봐야 하기 때문이다.

결국 진짜 자신이 아닌 가짜 자신을 칭찬해주는 사람을 좋은 사람이라고 여기게 된다. 말하자면 고양이한테 개라고 말해주는 사람이 좋은 사람이다. 고양이를 고양이라고 말하는 사람은 오히려 나쁜 사람이라고 믿는다.

자신이 고양이라는 사실을 부정당하면 생선을 좋아해선 안 된다. 자신이 생선을 좋아한다는 사실을 용서할 수 없게 된다. 그렇게 살아가다 보면 언젠가 인생은 막다른 골목에 다다르게 된다.

사회적 관점에서 본 '그 사람'과 심리적 관점에서 본 '그 사람'은 다를 때가 있다. 어느 관점에서 보느냐에 따라 그 사람에 대한 평가가 달라진다.

새로운 세상에 들어서고 싶다면 무엇보다 먼저 생각하는 방식을 바꿔야 한다. 성장의 틀을 바꾸는 것이다. 새로운 시각으로 사물을 바라보는 것이 성장의 출발점이다.

관점이 바뀌면 마음의 중심도 달라진다. 그 순간부터 세상이 전혀 다르게 보이기 시작한다.

마음이 평온해지고, 지금의 시선이 더 편안하고 자유롭게 느껴진다면 다시는 과거로 돌아가고 싶지 않을 것이다.

진짜 자신의 모습을 알게 된다면 예전으로는 돌아갈 수 없다. 이혼을 하거나 회사를 그만두거나, 부모에게서 독립한 뒤 경제적으로는 예전보다 더 어려워졌다고 해도 지금이 훨씬 좋다고 느낄 수 있다.

생각을 바꾸면 삶의 방향도 달라진다. 시선을 바꾸는 순간 세상은 전혀 다른 모습으로 다가온다.

●
어울리는 사람을 바꾸는 것만으로 인생이 달라진다

지금의 삶이 불만족스럽다면 먼저 바꿔야 할 것은 거창한 계획이나 꿈이 아니라, 지금 내 곁에 있는 사람들과 내가 읽는 책이다.

비뚤어진 사고방식이 옳다고 말하는 책을 아무리 읽어봐야 꿈은 이루어지지 않는다. 남을 험담하는 무리에 끼어서 같이 험담을 늘어놓는다고 해서 내 인생이 달라지지는 않는다.

그러니 먼저 주변을 돌아보자. 지금 곁에 있는 사람이 나를 성장하게 만드는 사람인가, 아니면 멈춰 서 있게 만드는 사람인가? 어울리는 사람을 바꾸는 것만으로도 인생이 달라질 수 있다.

지금의 삶이 괴로워도 잘 살 수 있는 법칙이 있다면 얼마나 좋을까?

물론 삶이 괴로운 건 이해할 만하다. 하지만 서로 "괴로워!"

라는 말만 주고받는다고 해서 삶이 나아지지 않는다. 이 괴로움을 발판 삼아 앞으로 나아가야 한다.

괴로운 가운데서도 내 마음에 위안이 되는 무언가를 찾아보자. 고뇌에 찬 표정을 억지로 바꾸지 않아도 괜찮다. 아주 작은 위안이 되는 무언가를 찾기 위해 노력해야 한다. 괴로움 속에서 참고 단 한 발짝만 앞으로 나갈 수 있어도 행복해질 수 있다.

산에 오르다 보면 목이 마를 때가 있다. 그런데 아무도 나에게 물을 주지 않는다. 고민만 하는 사람은 자신만 물을 못 마신다고 생각하며, '왜 나만 이렇게 힘든 거야'라고 불만을 가진다.

아무도 나에게 물을 주지 않는다. 주변 사람들은 나보다 더 괴로운 상황에 처해 있을지도 모른다. 그러니 물은 스스로 찾아서 마시는 수밖에 없다.

잠시 생각해보자. 괴로움에 사로잡혀 있느라 산길 밑에서 들려오는 계곡의 물소리를 듣지 못한 것은 아닌가.

우리가 괴로운 진짜 이유는 자신의 부끄러운 모습을 들키고 싶지 않기 때문이다. 나약한 모습을 보여주기는 싫고 오직 인정받고 싶은 마음뿐이기에 괴로운 것이다.

회사도, 멋진 삶도, 남들의 시선도 쉽게 내려놓지 못하면서도 정작 진짜 하고 싶은 것이 무엇인지를 모른다.

　때로는 모든 걸 내려놓아야 새로운 관점이 생긴다. 모든 것을 비우면 삶의 에너지가 차오른다. 세상의 시선을 신경 쓰지 않으면 새로운 인생의 목적을 찾을 수 있다.

　진짜 목적이 생기면 고민은 자연스럽게 사라진다. 왜냐하면 고민은 방향을 잃었을 때 생기는 것이기 때문이다. 나아갈 길이 분명해지면, 지금의 괴로움도 나를 더 단단하게 해주는 자양분이 된다.

●

열등감이
살아가는 에너지를 줄 때

　고대 그리스 아테네의 정치가 데모스테네스는 어릴 적부터 말더듬이로 R 발음을 제대로 하지 못했다. 하지만 해변에서 입에 조약돌을 물고 파도 소리를 이겨내며 연습하고, 거울을 보며 입술과 혀의 움직임을 교정하는 등 피나는 노력 끝에 위대한 웅변가가 되었다. 그러나 결국 그는 끊임없는 열등감과 자기 자신에 대한 냉혹한 평가, "끝내 자신의 가치를 증명하지 못했다"는 자괴감에 빠진 나머지 자살로 생을 마감했다.

오스트리아의 정신과 의사 알프레드 아들러는 어린 시절부터 병약하고 다리가 불편해서 마음껏 뛰어놀 수도 없었다. 비록 신체적인 열등감을 느끼며 성장했지만, "모든 인간은 열등감을 가지고 있으며, 그것을 극복하려는 노력이 삶의 원동력이 된다"는 신념을 가지고 심리학 분야에 헌신해서 정신적으로 힘들어하는 수많은 사람을 도왔다.

아들러는 "불행한 삶은 환경 때문이 아니라, 삶을 바라보는 방식 때문이다"라고 말하며 타고난 열등감을 극복했다.

데모스테네스와 아들러 모두 열등감을 안고 살았지만, 삶을 받아들이는 방식이 달랐다. 같은 현실이라도 그것을 어떻게 해석하고 대하는지에 따라 인생이 달라진다.

때로는 누군가의 실패가 우리의 삶에 깊은 깨달음을 준다. 반면교사(反面敎師)란 부정적인 면을 보면서 깨달음과 가르침을 얻는다는 뜻이다. 겉으로는 한심해 보이는 사람조차 관점을 바꾸면 나를 일깨워주는 거울이 될 수 있다.

이는 기업 경영에서도 마찬가지다. 같은 위기 상황에서도 어떤 경영자는 지혜롭게 문제를 극복하고, 어떤 경영자는 스트레스를 견디지 못한다. 중요한 것은 어떤 관점으로 위기를 바라보느냐다.

강인한 사람은 역경을 '극복해야 할 시련'이 아니라 '극복할 만한 기회'로 받아들인다.

'친절'도 마찬가지다. 겉으로는 다정해 보여도, 그 이면에는 속이기 위한 계산, 상대를 부추겨 이용하려는 의도 등 다양한 동기가 숨어 있을 수 있다.

'양보'에도 양면이 있다. 사랑하니까 양보할 수도 있지만, 자신이 상대보다 더 약해서 혹은 자기주장을 하지 못해서 할 수 없이 물러서는 경우도 있다.

어떤 행동이든 심리적 관점에서 바라보는 것과 사회적 관점에서 바라보는 것이 전혀 다를 수 있다.

예를 들어 결혼 후 남편이 변했다고 느끼는 여성들이 있다. 그러나 정말 남편이 변한 걸까? 그 남편을 바라보는 자신의 관점이 변한 것은 아닐까?

관점을 바꾸면 전혀 다른 세상이 열린다. 연봉 10억 원을 받는 사람을 부러워하기보다는, "나는 지금 내 인생에 만족하고 있어. 내 삶이 더 풍요로워"라고 느낄 수도 있다.

넘어진 김에 새로운 나를 발견해보자. 실패한 자리에서 진짜 내 목적을 다시 찾아보자.

누구나 콜럼버스처럼 서쪽으로 가야 하는 건 아니다. 콜럼버스는 책상을 두드리며 "서쪽으로 가자"고 외쳤다고 하지만,

우리는 각자 자신의 방향을 선택할 수 있다. 신뢰할 만한 사람을 찾으러 나서는 것도 좋고, 스스로 신뢰할 만한 사람이 되는 것도 좋은 선택이다.

타인을 믿지 못하는 사람은 자신을 믿지 못하는 경우가 많다. 어린 시절 부모의 사랑을 충분히 받지 못한 사람은 성인이 되어서도 깊은 의심과 불안을 안고 살아간다. 사랑받은 경험이 없기에, 타인의 사랑을 받아들이는 법을 배우지 못했다.

부모가 심각한 열등감을 지니고 있다면, 아이는 미움받는 환경 속에서 자라게 된다. 그것도 자유롭게 도망치거나 표현할 수 없는 가족의 관계에서 말이다.

그런 환경 속에서 자란 사람은 불안에 민감하고, 감정이 마비되어 있는 경우가 많다. 저녁노을이 아무리 아름다워도 감탄하지 못하고, 단풍이 온 세상을 물들이는 모습을 보고도 감동하지 못한다. 오감이 마비된 채 살아가는 것이다.

열등감을 가진 사람의 유일한 기쁨은 우월감이다. 그래서 감각의 기쁨, 존재의 평화, 자연의 감동을 느끼지 못한 채 살아간다.

그렇다면 나는 어떤 사람인가? 나는 지금 세상을 어떻게 보고 있는가?

의심이 많은 사람이라면 나는 왜 그렇게 되었을까, 하고 스스로에게 질문을 던져보자. 그 순간 의식의 영역이 확장되어 더 깊고 넓은 세계를 향해 나아갈 수 있다.

그것이 곧 "서쪽으로 가자"는 외침이자, 나 자신을 향한 항해의 시작이다.

●
타인의 고통을 이해하면
내 고통이 덜어진다

한 노인이 단층집이 좋다고 생각하면서도 3층 집에 살고 있었다. 그런데 누군가 이렇게 말했다. "3층이면 90세까지 걸어 올라갈 수 있을 겁니다."

이 말 한마디로 고민거리였던 집이 희망의 집으로 바뀌었다. 이것이 패러다임의 전환이다. 패러다임의 전환은 다면적인 관점으로 세상을 바라보는 것이다.

한 선생이 옷차림이 지저분하고 단정하지 못한 학생을 못마땅하게 여겼다. 그런데 알고 보니 우수했던 학생이 어머니가 돌아가시고 아버지가 알코올의존증에 걸려 부모의 돌봄을 받지 못한 것이었다. 이러한 사정을 알고 나니 그 학생을 보는 시선이 달라졌다.

우리는 경쟁 중심의 사회에 익숙해져 있다. 타인의 실수를 비난하고 약점을 드러내려는 심리는 상대를 무너뜨림으로써 자신을 방어하고자 하는 무의식적인 태도다. 그러나 그 순간 우리는 더 깊은 연대와 이해, 연결의 기회를 잃게 된다.

지금 살아가는 것이 괴롭고 살아가는 데 지친 사람이 삶의 의미를 되찾는 데 필요한 것은 패러다임의 전환이다.

하지만 자기중심적인 사고에 사로잡혀 있으면 패러다임을 전환하기 어렵다.

패러다임의 전환을 위해 필요한 것은 마음 챙김이다. 마음 챙김은 객관적인 시선으로 사물을 바라보는 것이다. 자기감정에만 집착하지 않고 마음을 열면 새로운 정보를 받아들일 여유가 생긴다.

감정에 사로잡혀 세상에서 자신만 힘들다고 느끼는 사람이 있다. 하지만 다른 사람들도 자신과 마찬가지로 힘들다는 것을 알게 되면 패러다임의 전환이 일어난다. 타인의 고통을 이해하고 그 사람과 자신의 차이를 인식함으로써 현재의 고통이 누그러질 수 있다.

타인의 눈으로, 타인의 귀로, 타인의 마음으로

흔히 고통을 불행한 일, 피해야 할 일로 여긴다. 특히 우월감을 추구하는 사람은 고통스러운 일이나 문제가 발생하면 자기 징벌로 느낀다. 하지만 어떤 고통은 오히려 인생을 바꾸는 계기가 되기도 한다.

지금 자신이 고수하는 관점 외에도 수많은 관점이 있다는 것을 잊지 말자. 다른 관점에서 사물을 바라보는 것이 바로 마음 챙김이며, 인생을 고통스럽지 않게 살아갈 수 있는 마음가짐이다.

엘렌 랭어가 말하는 마음 챙김과 알프레드 아들러의 주장은 표현은 다르지만 핵심은 같다고 할 수 있다. 관점의 전환, 그리고 자기중심적인 시선에서 벗어나야 심리적인 치유와 성장을 할 수 있다는 점이다.

알프레드 아들러의 성공 비결 중 하나는 그가 타인의 눈으로 보고, 타인의 귀로 듣고, 타인의 마음으로 느끼려 했다는 점이다. 물론 여기서 말하는 성공은 사회적 성공이 아니다. 치료에 성공했다는 의미다.

인간은 완벽한 존재가 아님을 인정하는 것이 출발점이다. 완벽주의는 삶을 부정하는 것이고, 삶에서 도피하는 것이며, 결국 죽음을 향해 나아가는 길이다.

빅터 프랭클은 "지도(指導)는 고통을 견디는 능력을 길러주는 것이다"라고 말했다. 고통을 없애준다는 것이 아니다. 그 또한 "고통은 인생에서 가장 중요한 의미를 찾을 기회"라고 말했다.

인생의 진정한 가치는 창조의 의미, 사랑의 의미, 그리고 고통의 의미 속에서 발견된다. 고통의 의미를 발견한 사람은 패러다임을 전환한 사람이다.

컵에 물이 반만 차 있을 때, '물이 반밖에 없다'고 생각할 것인지, '물이 반이나 있다'고 생각할 것인지에 따라 전혀 다른 인생이 펼쳐진다.

이처럼 같은 현실도 어디에 주의를 기울이느냐에 따라 전혀 다르게 해석된다.

패러다임의 전환은 마음의 여유가 있을 때 가능하다.

심리학자 데이비드 시버리는 "주의에 주의하라"고 말했다. 우리가 어떤 것을 주의 깊게 바라볼 것인지 결정하는 것 자체가 삶의 질을 좌우한다는 의미다.

나는 1년에 한 번씩 건강검진을 받으려고 애쓴다. 그런데 얼마 전, 검진을 앞두고 갑작스러운 고열과 염증으로 병원 응급실에 실려 갔다. 수액을 맞으며 누워 있는 동안, 옆 병실에서는 사람들이 정기 건강검진을 받고 있었다.

그것을 보면서 문득 '저 사람들은 건강하니까 검진을 받을 수 있구나' 하는 생각이 들었다. 그동안 나는 건강검진을 귀찮고 번거로운 일로 여겼지만, 건강검진을 받을 수 있다는 것 자체가 얼마나 감사한 일인지를 깨달았다.

이처럼 불쾌하게 느껴졌던 일도, 다른 관점으로 보면 감사한 일일 수 있다. 이런 경험을 통해 스스로에게 말하는 습관을 들였다.

"이건 나쁜 일 같지만, 장기적으로 보면 잘된 일이야."

불쾌한 감정이나 괴로움에 사로잡혔을 때, 잠시 멈추고 다른 관점에서 바라보는 연습, 그것이 삶을 부드럽게 바꾼다.

막다른 길에서는
그 너머를 상상하라

누구나 삶을 바라보는 자신만의 방식을 가지고 있는데, 이것을 관점이라고 한다. 그런데 처음 경험한 방식이 너무 깊게 뿌리내려서 관점을 바꾸기가 쉽지 않다. 심지어 그 방식으로 실패를 되풀이하더라도 계속 반복하게 된다.

어떤 일을 겪고 나면 같은 상황을 다시 마주하게 됐을 때 처음 겪었던 방식에 얽매이게 되는 심리적 경향이 있다. 심리학자 엘렌 랭어는 이러한 현상을 '조기 인식 수용(premature cognitive commitment)'이라고 불렀다. 즉, 충분히 생각해보기도 전에 너무 빠르게 어떤 인식이 굳어버리는 심리적 습관을 말하는데, 한마디로 선입관이다.

예를 들어 맨 처음에 썩은 사과를 먹으면 그 맛이 사과 맛이라고 생각하게 된다.

창이라고 확신했지만 어쩌면 총일 수도 있다고 생각을 바꾸는 것이 바로 관점의 전환이다.

삶의 막다른 길에 다다랐다고 느낄 때는 관점을 달리해보자. 관점을 바꿔야 삶의 방향도 바꿀 수 있다.

마음의 평온은 세상을 어떻게 인식하느냐에 따라 달라진다. 그런데 인식이라는 것은 굉장히 주관적이다. 사람마다 살아온 인생이 다르니 세상을 바라보는 방식도 저마다 다르다.

스티븐 코비의 세계적인 베스트셀러 《성공하는 사람들의 7가지 습관》[51]에는 다음과 같은 이야기가 나온다.

어느 일요일 아침 스티븐 코비는 지하철을 타고 있었다. 그때까지만 해도 승객들은 각자 조용히 앉아 있었다. 그러던 중 한 중년 남자와 그의 아이들이 지하철을 탔는데 아이들이 시끄럽게 소란을 피우는 바람에 지하철 분위기는 순식간에 엉망이 되고 말았다. 코비는 참을 수 없어서 그 아버지에게 아이들을 조용히 시켜달라고 말했다. 그러자 그 아버지는 사과하면서 사실 오늘 병원에서 아이들 엄마가 세상을 떠나 뭘 어떻게 해야 할지 모르겠다고 말했다. 이 말을 들은 코비는 더 이상 아이들이 소란을 피우는 모습에 짜증이 나지 않았다.

데이비드 시버리의 책에는 다음과 같은 이야기도 실려 있다.

로닝 부인은 불행한 삶을 살았다. 남편의 신경증이 그녀의 인생에 심각한 영향을 줬기 때문이다. 그녀는 수년간 남편 때문에 눈물을 흘려야만 했다.

그러던 어느 날, 부인은 남편이 느끼는 두려움을 진지하게 관찰하기 시작했다. 남편의 상황을 이해해보는 일은 무척이나 흥미로웠다. 그러다 결국 부인은 남편을 주인공으로 이야기를 쓰기로 했다. 흥미롭게도 이 새로운 시도를 통해 로닝 부인은 기존의 삶에서 벗어날 수 있었고, 남편과의 관계도 달라졌다. 남편을 이해하려는 시도가 부인을 변화시켰고, 부인의 변화는 남편에게도 서서히 영향을 미쳤.[52]

관점의 전환이란 단순히 긍정적으로 생각하는 것이 아니다. 익숙한 해석을 잠시 내려놓고, 다른 해석의 가능성에 마음을 여는 것이다. 누군가의 행동이 불쾌하게 느껴질 때, 혹은 어떤 상황이 부당하다고 느껴질 때, 그 이면에 숨겨진 사연이나 감정이 있을지도 모른다는 사실을 떠올리면 생각의 폭이 넓어진다.

●
다르게 봐야
비로소 보이는 것들

패러다임의 전환이란, 세상을 다양한 관점으로 바라보는 것이다. 같은 상황이라도 어떻게 해석하느냐에 따라 우리의 감정과 반응은 완전히 달라진다.

인디언이 비를 맞았을 때 우리와 다른 감각을 느끼는 것은 비를 자연의 은혜로 받아들이기 때문이다. 비를 그저 비라고만 생각하면 비에 젖는 것은 불쾌한 일이다. 하지만 비가 내려 대지가 풍요로워진다고 생각하면 자신의 몸이 비에 젖는 불편함 이상으로 기쁜 일이 된다.

"인디언은 모든 것에서 신성한 힘을 느낀다. 번개도 폭풍우도 마찬가지다. 그 안에서 신의 목소리를 듣는다. 강의 급류에서도 신의 모습을 본다. 끝없이 밀려오는 태평양의 파도에서도 신의 모습을 본다. 꽃이 피고 지는 것도 꽃 속에 깃들어 있는 신이 행한 일이고 자연을 통해 신이 모습을 드러낸다고 믿는다."[53]

신이 모습을 바꾸어 나타나는 것이 자연이라고 믿는다면 자연을 거스르는 짓은 하지 않을 것이다.

상대를 대하는 관점도 마찬가지다. 상대방을 어떻게 생각하느냐에 따라 다르게 보인다. 나에게 상처 주는 말을 내뱉은 사람도 어쩌면 강한 열등감 때문에 자신을 지키기 위해 그렇게 말했을지도 모른다.

죽음도 새로운 관점으로 바라볼 수 있다면 두려움을 누그러뜨리는 데 많은 도움이 될 것이다. 언뜻 인간의 의지로는 어쩌지 못하는 죽음조차 인디언의 관점으로 보면 삶의 끝이 아니라 또 다른 세계로 들어가는 여행이 된다.

스스로를 대단한 사람이라고 믿지만 사실은 신경증 상태에 빠져 있는 사람도 있다. 이런 사람은 자신의 적대감을 상대방에게 투사하고는 '저 사람이 나를 미워하고 있다'고 믿어 버린다.

어느 쪽이 옳고 그르냐는 식의 이분법적인 사고를 멈추자. 다만 주어진 상황이 다를 뿐이다.

이처럼 우리는 생각의 틀에 갇혀 불행해지는 경우가 많다. 조금만 가치관을 바꾸면 행복해질 수 있는데도 그 행복에 다가가지 못하는 사람이 의외로 많다. 관점을 넓히는 일이 곧 행복으로 가는 길이다.

자식이 없어서 불행하다고 말하는 사람이 있다. 이혼해서 불행하다고 말하는 사람이 있다. 하지만 자식이 없다고 불행한 것이 아니다. 이혼했다고 해서 불행한 것이 아니다.

이혼의 원인을 모두 상대방에게 떠넘기는 마음 놓침의 상태가 불행의 원인이다. 결혼이라는 가치를 상대화하지 못하고 하나의 가치를 절대화했기 때문에 불행한 것이다.

실패했을 때 과도하게 반응하는 사람은 실패를 지나치게 큰일로 여기기 때문이다. 그리고 그 실패를 자신의 약점과 연결지어 해석한다. 이런 반응은 자기평가가 낮고 비관적인 성향을 지닌 사람에게 자주 나타난다.

패러다임의 전환이란 단순한 사고방식의 변화가 아니다. 그것은 삶을 해석하는 틀 전체를 다시 구성하는 일이다.

시야를 넓히고, 다양한 관점을 허용하고, 자신의 생각이 전부가 아님을 받아들이는 용기야말로 더 나은 삶으로 나아가는 첫걸음이라는 것을 기억해야 한다.

●
줄수록 힘들어지는
마음 청구서

상대방을 위해 무언가를 해주었을 때, 그 보답이 돌아오지 않으면 억울함과 분노가 생겨난다. 차라리 아무것도 해주지 않았다면 기대도 없고 실망도 없을 텐데, 뭔가를 해주고 상대방이 기대에 어긋나는 행동을 하면 화가 난다. '이렇게까지 해줬는데'라는 생각이 자신을 괴롭힌다.

직장에서도 이와 같은 감정의 엇갈림이 자주 발생한다. 상사는 부하직원에게 '내가 그렇게까지 감싸줬는데'라고 생각한다. 부하직원은 상사에게 '내가 그렇게까지 헌신적으로 일했는데'라고 생각한다.

일이 어그러지고 나면 결국 이렇게 말한다. "내가 사람 보는 눈이 없었어", "그 사람이 나빴던 거야", "그땐 왜 그런 사람을 믿었을까" 하는 후회가 밀려온다.

부모와 자녀 관계에서도 마찬가지다. 부모는 아이가 방 안에 틀어박혀 나가지 않고 일도 하지 않을 때 실망을 넘어 분노를 느낀다. 자신이 그렇게 애써 키웠는데, 아이가 제 역할을 하지 않는다고 생각하면 도무지 용서할 수 없다. 게다가 아이가 부모를 비난하거나 공격적인 태도를 보인다면, 그 배신감에 더 큰 상처를 입는다.

반대로 아이 역시 부모의 과도한 기대나 통제를 받고 자라면서 '나는 선택한 적도 없고, 나답게 살지도 못했다'는 억울함을 느낄 수 있다.

노후에 아이에게 의지하고자 했던 부모는 실망하기도 한다. 평생 자신을 희생하며 아이를 키웠는데, 정작 아이가 자신의 노후를 돌봐주지 않으면 "내가 너를 어떻게 키웠는데"라는 원망이 생긴다.

부모가 자기 인생을 충분히 누렸다고 느끼고 있다면, 아이가 자신을 돌보지 않더라도 그 자체로 상처받거나 원망하지는 않는다. 같은 상황이라도 받아들이는 관점에 따라 전혀 다른 감정이 생기는 것이다.

겉으로는 비슷해 보여도 남을 원망하는 사람과 원망하지 않는 사람의 인생은 전혀 다르다. 남을 원망하는 사람은 불행하고 남을 원망하지 않는 사람은 행복하다.

인간관계의 다양한 비극은 대부분 이런 엇갈림에서 비롯

된다.

'내가 이렇게까지 해줬는데'라는 말은 기대와 보상을 바라는 마음이다. 우리는 진정한 사랑과 헌신이라고 믿지만, 그 밑바닥에는 '그만한 대가가 돌아와야 한다'는 무의식적인 바람이 깔려 있다.

진짜 주고자 하는 마음은 보답을 기대하지 않는다. 그리고 진짜 관계는 '내가 해준 만큼 받아야 한다'는 논리가 아닌, 서로 마음을 주고받을 수 있는 자발성과 존중에서 만들어진다.

●

불행은 선택이고
실패는 하나의 경험이다

실패한다고 해서 불행해지는 것이 아닌데도 많은 사람들이 실패를 곧 불행으로 받아들인다. 특히 어린 시절의 실패는 마음속 깊이 각인되어 쉽게 지워지지 않는다.

이미 일어난 일은 받아들이는 것이 중요하다. 실패를 받아들여야 불행해지지 않을 수 있다. 다르게 표현하면 불행을 받아들이라는 뜻이다.

불행을 받아들인다고 하면 자칫 과장된 표현처럼 들릴지도 모르지만, 이 말속에 인류의 지혜가 담겨 있다고 해도 과언이 아니다.

불행을 받아들인다는 것은, 과거의 일이 더 이상 현재의 삶을 지배하지 않도록 자신의 인식을 바꾸는 것이다.

아프지만 행복한 사람도 있고 건강하지만 불행한 사람도 있다. 가난하지만 행복한 사람도 있고 부자이지만 불행한 사람도 있다. 이혼했지만 행복한 사람도 있고 결혼했지만 불행한 사람도 있다.

이혼이라는 사건 자체가 불행의 원인은 아니다. 이혼하지 않았더라도 그 사람은 다른 이유로 불행할 것이다. 연인과 헤어져서 불행하다고 말하는 사람도 마찬가지다. 실연 자체가 불행하게 만드는 것이 아니다.

하기 싫은 일을 하느라 불행하다고 말하는 사람도 마찬가지다. 그 사람이 불행한 이유는 하기 싫은 일을 해서가 아니라 자기 자신을 발견하지 못했기 때문이다. 불행의 진짜 원인은 '자기 부재'에 있다.

일이 바빠서 불행하다고 하는 사람은 정년이 되어 퇴직을 해도 불행할 뿐이다.

삶이 행복하지 않은 가장 큰 이유는 무엇일까?

자기 의지로 인생을 선택하지 않았기 때문이다. 자신의 삶을 스스로 결정하지 못하고, 타인의 시선을 의식하며, 남에게 잘 보이고 좋은 평가를 받기 위해 살아온 사람은 끊임없는 불만과 불행에 시달린다.

자기 인생은 실패의 연속이어서 불행하다고 생각하는 사람도 있다. 이렇게 생각하는 사람은 실패하지 않았어도 불행하게 살아갈 것이다.

실패의 연속이어서 불행한 것이 아니다. 남에게 잘 보이고 싶고 좋은 인상을 주고 싶다는 의존 욕구 때문에 불행한 것이다.

결국 세상을 바라보는 관점이 너무 제한적인 것이 불행의 원인이다. 다시 한 번 말하지만 행복하지 못한 이유는 실패나 조건이 아니라 '삶을 바라보는 관점'에 달려 있다.

●

다른 누구도 아닌,
단지 '네가 너라서'

불행한 사람은 흔히 현실이 너무 가혹하다며 불행의 원인을 외부에서 찾는다. 불행의 진짜 원인이 자기 마음속에 있다는 사실을 외면한 채 살아간다. 그 이유는 외부의 탓으로 돌리는 것이 심리적으로 더 편하기 때문이다.

하지만 사실 불행을 한탄하는 사람에게 현실은 그리 가혹하지 않다.

예를 들어 대학에 불합격해서 재수를 하게 된 사람은 대학에 떨어져서 불행하다고 말한다. 하지만 곰곰이 생각해보면 단순히 대학에 떨어졌기 때문이 아니라, 자신을 지탱해줄 정서적 기반이 없기 때문이다.

불행의 진짜 원인은 고독에 있었던 것이다. 가족에게 마음을 기댈 수 없고, 가족 내에서 자신의 존재감을 느끼기 힘들기에 불행한 것이다. 비록 대학에 떨어졌지만 자신을 있는 그대로 받아들여줄 가족이 있다는 믿음이 있는 한 불행하지 않다.[54]

대학에 떨어지든 연인과 헤어지든 가족에게 존재 자체로 사랑받는다는 걸 알기에 흔들리지 않는다. '네가 너라서'라는 말처럼 존재 자체로 사랑받아 본 경험이 없다면 늘 외롭고 작은 일에도 쉽게 흔들린다.

중요한 것은 자신을 어떻게 인식하는가다.

우리는 종종 이상적인 모습과 자신을 비교하면서 스스로를 불행에 빠뜨린다.

자신이 불행하다고 느끼는 사람은 지금까지 어떤 사람과 인간관계를 맺으며 살아왔는지, 자신이 어떤 감정을 느끼며 살아왔는지 돌아볼 필요가 있다.

자신이 느꼈다고 생각한 감정과 실제로 느낀 감정의 차이를 깨닫는 일은 자기 인식의 폭을 넓히는 첫걸음이다.

우울이
스며들 틈 없는 현실

누군가가 내 존재 가치를 부정하는 말을 했을 때, 그 말 한마디에 기분이 우울해질 때가 있다. 하지만 그 감정이 꼭 지금 들은 말 그 자체 때문이라고 단정 지을 수는 없다.

어쩌면 과거에 심한 상처를 받았던 기억, 자신의 가치를 부정당했던 경험이 아직 해결되지 않은 채 잠재되어 있다가 지금의 상황을 계기로 다시 떠오른 것인지도 모른다.

지금 들은 그 한마디가 과거의 기억과 얽히며 훨씬 더 깊은 고통으로 확대된 것이다.

나중에 곰곰이 생각해보면 그렇게 심한 말도 아니었는데, 지금 당장 분노와 우울감이 솟구친 이유는 기억 속에 얼어붙은 불쾌감, 또는 형태를 바꿔 나타나는 내면의 감정이 작용한 것이다.

그렇기 때문에 정말 중요한 것은 눈앞의 현실을 있는 그대로 바라보는 태도다. 과거의 감정에 휘둘리기보다는 지금의 상황과 정면으로 마주하는 것이 결국 행복으로 나아가는 길이다.

한편 우리가 흔히 착각하는 것 중 하나는 "고통이 없으면 행복하다"는 생각이다. 하지만 고통이 없다고 해서 반드시 행복한 것은 아니다.

예를 들어 추운 겨울 아침, 거리에서 도로 공사를 하며 간단히 밥을 먹는 사람들, 한여름 땡볕 아래서 트럭에 짐을 싣고 밧줄을 묶는 사람들을 떠올려보자. 이들은 분명 힘들고 고된 상황에 놓여 있지만, 타인과 어우러져 나름의 삶을 이어가고 있다. 오히려 이런 삶에서 소속감과 존재감을 느끼고 있는지도 모른다.

전쟁이 시작되면 오히려 우울증 환자가 줄어든다는 보고도 있다. 이러한 사실은 우리가 흔히 생각하는 개인의 행복이 단순히 고통의 유무나 물질적인 조건에만 달려 있지 않다는 점

을 보여준다.[55]

미국의 사회학자 데이비드 리스먼은 《고독한 군중》[56]에서 현실의 고통이라는 문제를 중요하게 다뤘다.

그는 사람들이 물질적으로는 풍요롭지만 정작 행복하지 않다는 모순에 주목했다. 풍요란 결국 먹고사는 데 불편이 없는 상태를 말할 뿐, 마음이 충만하고 행복한 상태와는 별개다.

카를 마르크스 역시 인간의 삶에서 현실의 고통을 중요하게 여겼다.

현실의 고통이 아무리 사라져도, 어린 시절 부모에게서 충분한 사랑을 받지 못한 사람, 내면에 증오와 상처를 간직한 채 성장한 사람은 나이가 들어도 좀처럼 행복을 느끼지 못한다.

그 마음속의 고통과 응어리를 해결하지 못하면, 현실의 상황이 아무리 나아져도 진정한 행복을 찾기 어렵다.

'죽고 싶다'는 말은 살려달라는 신호

아이가 느끼는 깊은 무력감은 어쩌면 마음속에 쌓인 증오에서 비롯된 것일지도 모른다. 자신조차 인식하지 못할 만큼 오랫동안 억눌러왔던 증오로 인해 어떤 것도 하고 싶지 않은 무기력에 빠진 것이다.

"아무것도 하기 싫어. 죽고 싶어"라는 말을 입버릇처럼 달고 사는 여성이 있다. 겉으로는 특별히 큰 문제 없어 보인다. 그녀 역시 자신의 감정이 어디서 비롯된 것인지 정확히 알지 못한다.

하지만 마음 깊은 곳에는 남편을 향한 분노가 쌓여 있었다. 문제는 그녀가 그 감정을 인정하고 받아들이기를 두려워하고 있었다는 점이다. 남편에 대한 미움을 인정해버리면, 지금 누리고 있는 안정되고 풍요로운 삶이 무너질지도 모른다고 느낀 것이다. 그래서 그녀는 의식적으로는 남편을 미워하지 않으려고 애썼다.

이렇게 억압된 감정은 결국 다른 방식으로 터져 나왔다. 예를 들어 그녀는 아이에게 "네가 잘못한 거야. 엄마 아빠는 널 위해 이렇게까지 하고 있는데"라는 식으로 말하는 것이다. 아이의 잘못을 탓하면서 부모로서의 헌신을 강조하는 것은 억눌린 증오의 다른 표현이다.

그렇다면 "죽고 싶어"라고 말하는 사람과 그렇지 않은 사람의 차이는 무엇일까?

"죽고 싶다"고 말하는 사람은 삶의 문제를 스스로 해결할 힘이 부족하다고 느낀다. 그래서 그 감정에 안주해버린다.

하지만 이 말의 진짜 의미는 '도와줘'라는 신호다. "어떻게 하면 돼?", "나는 어디로 가야 하지?"라는 절박한 질문이 담겨 있다.

삶을 살아갈 동기를 잃어버렸을 때, 다시 살아갈 이유를 찾기 어려울 때, 우리는 '죽고 싶다'는 말을 떠올린다. 이는 곧 목적을 상실했다는 뜻이다.

심지어 어떤 사람은 직접적으로 "죽고 싶다"고 말하지는 않지만 이렇게 털어놓는다.

"생명은 소중한데, 너무 지쳤어. 버거워."

삶이 벅차고, 어디서부터 어떻게 풀어가야 할지 몰라 막막하다는 뜻이다.

결국 중요한 것은 감정의 근원을 바라보는 일이다. 겉으로 드러나는 말이나 행동에만 집중하지 말고, 그 안에 숨겨진 진짜 마음을 들여다봐야 한다. 그래야 억눌린 감정에서 벗어나 삶의 방향을 다시 잡을 수 있다.

행복하다고 말하는 순간
절반은 행복해진다

"난 행복해질 거야."

이 말을 몇 번이고 되뇌어라. 스스로 정말 행복해질 수 있다고 믿게 될 때까지, 이 세상이 끝나는 날까지 반복해서 말하라. 수첩에 적어두어도 좋고, 종이에 직접 써서 집 안에서 가장 잘 보이는 곳에 붙여두어도 좋다.

외부 환경을 바꾸는 것보다 자아상을 바꾸는 것이 훨씬 더 강력하고 효과적인 방법이다. 긍정적인 자아상을 만들면 누구든지 반드시 행복해질 수 있다. 외부 환경을 바꾸는 데는 한계가 있지만 나 자신을 바꾸는 것은 온전히 내 몫이기 때문이다.

지금 불행하다고 느끼는 사람도 행복해질 능력이 없는 것이 아니다. 능력은 이미 갖고 있는데, 스스로 망각했을 뿐이다.

부정적인 자아상, 마음속 깊이 자리 잡은 원망과 여러 부정적인 감정들이 행복할 수 있는 능력을 짓누르고 파괴하고 있다.

자기 안에 이미 있는 본래의 힘을 인식하면 더 이상 두려움에 떨 필요가 없다.

문제는 힘이 없어서가 아니라 힘이 있음에도 불구하고 없다고 믿는 것이다. 자신이 무기력하다는 믿음이 현실에서 무기력을 만들어낸다. 그래서 눈앞의 상황을 있는 그대로 마주하지 못하고 자꾸만 움츠러드는 것이다.

문제 해결을 가로막는 진짜 원인은 겉으로 드러난 상황이 아니라 마음속 깊이 숨어 있는 공포심이다.

그런데 이 공포심은 대부분 아무런 근거가 없다. 근거도 없이 믿어버린 불안과 두려움이 삶 전체를 지배하고 있는 것이다.

예를 들어 자신이 대인공포증이라고 생각한다면 먼저 자기 자신에게 이렇게 말해보자.

"지금 내가 무서워하는 사람들 중에 실제로 나를 위협하는 사람은 단 한 명도 없어."

"내 생각을 솔직하게 말한다고 해서 무서운 일이 생기지는 않아."

연인에게 버림받을까 봐 불안한 사람이라면 이렇게 말해보자.

"버림받는 일은 없을 거야. 설령 버림받더라도 오히려 더 나은 사람을 만나기 위한 과정일지도 몰라. 잠깐은 마음이 아프겠지만 반드시 더 좋은 관계를 맺을 수 있을 거야."

이런 문장을 종이에 크게 써서 매일 아침저녁으로 읽어보자.

공포심은 원래 무섭지 않은 것들을 무섭게 느끼도록 만든다.

상대방의 비위를 맞추려 할수록 상대가 점점 더 위협적인 존재로 느껴진다. 상대방을 무서운 존재로 만들어버리는 건 다름 아닌 내 마음속에 자리 잡은 공포심이다.

그리고 그 공포는 대부분 실제가 아니라 '믿음'의 문제다. 그 믿음을 바꾸는 순간 우리는 다시 힘을 얻게 된다.

●

큰 행복은 주어지지만
작은 행복은 선택하기 나름이다

지금 자신이 두려워하는 사람은 정말로 두려운 사람일까?

예를 들어 업무상 어떤 사람을 며칠 뒤에 만나기로 했다고 하자. 그런데 지금 마음이 무겁다면 그 사람을 만나기 싫기 때문이다. 만나기도 전부터 이미 마음속에서 그 사람에게 압도된 것이다.

우리는 매일 불필요한 괴로움을 맛보고, 불필요한 감정 때문에 혼란을 겪는다. 하지만 실제로는 아무런 해도 끼치지 않는 사람을 두려워하고 있다.

위험하지 않은 사람을 위험한 사람이라고 느끼면 우리의 뇌는 실제로 위험한 사람과 만났을 때와 똑같이 반응한다.

지금 하고 싶지 않다고 생각하는 일도 곰곰이 생각해보면 정말로 하기 싫은 일이 아닐지도 모른다. 이미 어린 시절에 경험한 것들 속에서 하기 싫다는 정보를 선택했을 가능성이 크다.

무의식의 영역에 있는 어떤 부정적인 감정이 바탕이 되어 "정말 하기 싫어!"라는 마음이 일어나는 것이다.

다시 한 번 과거에서 벗어나 인생을 새롭게 다져야 한다. 매일 하기 싫은 상황만 생기는 것은 어린 시절부터 괴로운 일을 너무 많이 겪었기 때문이다.

미국 ABC 방송국이 〈프라임 타임(Prime Time)〉이라는 프로그램의 한 코너인 '유아기부터(From the Beginning)'에서 유아기의 중요성에 대해 다룬 적이 있다.

그 프로그램에서 록펠러대학에 있는 소리가 들리지 않는 새장을 소개했다. 소리가 차단된 새장에서 자란 새는 어미 새의 울음소리를 듣지 못한다. 그러면 새는 다 자란 후에도 울지 않는다고 한다.

사람도 어린 시절부터 괴로운 일만 겪고 즐거운 경험을 하지 못하면 '즐겁다'는 감정을 느끼기 어렵다.

유아기는 감정 발달의 매우 중요한 시기이며, 이때 긍정적인 경험이 부족하면 즐거움을 느끼는 능력이 떨어질 수 있다. 이는 우울증 환자가 일상 속 작은 행복도 제대로 느끼지 못하는 이유를 설명해준다. 따라서 어린 시절의 환경과 경험이 평생의 정신 건강에 큰 영향을 미친다는 점을 깊이 인식해야 한다.

나에게 주어진 것들로
살아가는 힘

불행을 받아들이지 못하는 사람은 삶을 대하는 태도 자체가 잘못되어 있다. 이를 바로잡지 않고서는 문제가 해결될 수 없다.

심리학자 데이비드 시버리는 불행을 받아들이면 해야 할 일이 보인다고 말했다. 괴로움 속에서 앞으로 나아갈 길이 보이고 문제를 해결할 능력이 생긴다는 뜻이다.

우리는 주어진 운명에 따라 삶을 시작한다. 어미 새의 울음소리가 들리지 않는 새장에서 자란 새도 있고, 어미 새의 울음소리를 듣고 자란 새도 있다. 어떤 환경에서 태어났는가는 운명이다.

　신경증적인 부모 밑에서 자란 사람이 따뜻한 모성을 지닌 어머니 밑에서 자란 사람과 똑같이 심리적 안정감을 가질 수는 없다. 즐거운 일상을 살기도 힘들고, 다른 사람과 함께 있을 때 편안한 기분을 느끼기도 어렵다.

　이런 무의식의 문제를 안은 채로는 아무리 노력해도 행복해질 수 없다. 그러니 삶의 원점을 들여다보고 내가 어떤 환경에서 자랐는지를 인정해야 한다. 그리고 지금의 나에게 기대할 수 있는 만큼만 기대해야 한다. 있는 그대로의 나를 받아들일 수 있을 때 비로소 강인해진다.

　불면증이 있다면 불면증을 받아들여라. 똑같은 상황에서도 잠을 푹 자는 사람이 있다. 심리적으로 불안과 긴장을 쉽게 느끼는 억제형 인간과 어떤 상황에서도 불안감이 적은 비억제형 인간이 있듯이 유전적으로 타고나기를 어쩔 수 없는 부분이 있다.

　불면증이 생겼을 때 억제형 인간은 '어떡하지?'라며 더 예민해져서 오히려 잠을 더 못 잔다. 반면 비억제형 인간은 "뭐 어때. 내일 자면 되지"라고 대수롭지 않게 넘긴다.

　남들처럼 숙면하려는 것은 남들처럼 키가 크고 싶은 것과 같다. 안타깝지만 그럴 수는 없다. 억울해하거나 불평해봐야 바뀌는 것은 없다.

결국은 주어진 운명을 인정하고, 그 안에서 살아갈 각오를 다지는 수밖에 없다.

부모에게 충분한 사랑을 받지 못했다 하더라도 그것을 받아들일 때 마음이 성장한다. 부모님에 대한 원망과 불평을 품고 살아가면 마음의 성장은 멈추고 오히려 퇴행하기 시작한다.

사회적으로는 성공을 거두며 살아가더라도 심리적으로는 점점 퇴화해서 더욱 살아가기 힘들어진다. 타인과의 관계도 무너지고 점점 외로움에 빠진다.

불행을 받아들이지 못하는 사람은 현실을 외면하는 사람이다. 불행을 받아들이는 사람은 현실을 마주하는 사람이다.

고대 그리스의 철학자 에피쿠로스는 모든 고민이 사라지기를 바라서는 안 된다고 말했다.

사람들은 고민을 즉시, 완전히, 손쉽게 해결할 방법을 찾으면서도 현실적인 해결 방법은 거부한다. 세상에 없는 것만 바라면서 눈앞에 있는 방법은 무시한다. 그러니 아무리 시간이 지나도 고민은 해결되지 않는다. 고민하는 사람은 언제까지고 불가능한 일에 매달린다.

불행을 피하려 하기보다 있는 그대로 받아들이는 태도가 현실을 살아가는 힘이 된다.

불가능한 것에 집착하는 대신, 지금 할 수 있는 일에 집중해야 고민이 해결된다. 과거를 탓하는 대신 현재를 직시할 때 비로소 삶이 앞으로 나아간다.

출발선도, 속도도 저마다 다르다

불행은 누구에게나 찾아올 수 있지만, 유독 욕심 많은 사람에게 더 집요하게 달라붙는다. 비현실적으로 높은 기대를 품고 살아가는 사람일수록 불행이 더 쉽게 다가온다는 뜻이다.

자신에게 주어진 것을 그대로 받아들이는 태도가 중요하다. 예를 들어 공부가 맞지 않으면 운동이나 장사를 선택해도 된다. 자신의 약점을 인정하면 오히려 자신의 강점이 무엇인지 더 명확하게 보인다.

어릴 적 돌아갈 집은 있었지만, 마음 편히 쉴 공간이 없었던 사람도 있다. 그 불행한 기억을 있는 그대로 인정할 때 마음속 깊은 곳에서 살아갈 에너지가 솟아난다.

누군가는 따뜻한 가정에서 성장하며 평생 쉴 수 있는 심리적 공간을 누렸을 수도 있다. 하지만 누군가는 단 하루도 편히 쉴 수 없는 집에서 자랐다.

처음부터 삶의 조건이 다르다는 것을 받아들이지 않고 그들과 같은 출발선에 있어야 한다고 믿으면 불공평하다는 생각에 사로잡혀 불행에서 벗어날 수 없다.

그러나 잊지 말아야 할 것은, 이 세상에 혼자만 불행한 사람은 없다는 것이다. 누구나 각자의 짐을 지고 살아간다. 중요한 것은 그 짐을 어떻게 받아들이느냐다.

살아가다 보면 하기 싫은 일과 마주하게 마련이다. 하지만 '하기 싫다'는 감정에만 휘둘리면 결국 아무것도 할 수 없다.

불행을 받아들이지 못하는 사람은 늘 '왜 내 인생만 이렇게 힘든가'라며 남과 비교하고 불만을 품는다. 그렇게 불평과 원망이 삶의 중심이 되면 세상이 점점 더 적대적으로 느껴지고 점점 더 고립된다.

공동체와의 연결감도 사라지고 마음을 털어놓을 사람조차 없다.

살아갈 길은 얼마든지 있다. 문제는 그 길이 보이지 않는 것이 아니라, '이 길밖에 없다'고 스스로 믿는 것이다. 조금만 시야를 넓히면 '이런 길도 있구나' 하고 새로운 가능성을 발견하게 된다.

공사 중인 길을 보면 더 이상 목적지에 갈 수 없다고 단정 지어버리는 사람이 있다. 하지만 돌아가거나 다른 길을 찾을 수도 있다.

살아갈 길이 하나밖에 없다고 느끼는 이유는 그 길을 스스로 선택하지 않았기 때문이다. 자기 뜻과 상관없이 떠밀려온 길이기에 괴로운 것이다.

심지어 나를 끌어당기고 발목을 붙잡는 사람들도 있다. 그들도 결국 자신에게 다른 길이 없다고 믿는 사람들이다.

하지만 분명 다른 선택지는 있다. 꼭 그 길만이 전부는 아니다. 조금만 다르게 바라보면, 다른 방향으로도 충분히 걸어갈 수 있다. 그 깨달음이야말로 불행을 이겨내는 첫걸음이다.

●

과거를 향한 시선에는
어떤 미래도 보이지 않는다

삶을 있는 그대로 받아들이기보다는 과거에 얽매여서 왜 이런 일이 내게 일어났는지를 곱씹다 보면 필요 이상으로 괴로울 수밖에 없다.

이런 사람들은 자신이 처한 상황을 해결하려는 의지보다는, 남 탓을 하거나 자신의 불행한 과거에 집착하는 경향이 있다.

스스로 무기력하다고 느끼며 앞으로 나아가지 못하고, 문제를 직접 해결하려고 노력하는 대신 불평과 원망에 매몰된다. 불행한 현실을 바꾸는 것이 아니라, 원한을 푸는 것이 인생의 가장 중요한 과제처럼 여겨지는 것이다.

물론 불행을 받아들이지 못하는 사람은 깊은 내면에 아직 해소되지 않은 분노가 숨어 있다. 하지만 이러한 분노는 앞으로 나아가는 데 필요한 에너지로 전환되지 않고, 오히려 모든 것을 무의미하게 만들어버린다.

문제를 해결하기보다는 오직 마음속의 원한만 풀면 된다는 왜곡된 태도로 이어진다. 그렇게 되면 가장 중요한 '공동체 감정', 즉 타인과 연결되고 함께 살아가려는 마음과는 점점 멀어진다. 결국 현실과 단절된 채 외롭게 살아가며 삶의 목적도 희미해진다.

반면 불행한 현실을 있는 그대로 받아들이는 사람은 자신에게 맞는 삶의 목적을 점차 깨닫게 된다. 비록 과거를 바꿀 수는 없지만, 그 과거를 어떻게 받아들이느냐에 따라 미래는 얼마든지 달라질 수 있다.

그러나 불행을 끝까지 받아들이지 못한 사람은 현실을 외면한 채 진정한 자기 삶의 방향을 찾지 못한다. 결국 불행을 받아들이는 것이야말로 자기 삶을 회복해가는 출발점이다.

●

흔들리지 않고
살아가는 사람은 없다

다른 사람보다 우월해야 한다는 욕구가 강할수록 자신을 있는 그대로 받아들이지 못한다. 자신을 있는 그대로 받아들이지 못하면 자연히 불행도 받아들일 수 없다.

다른 사람보다 앞서야 한다는 의식이 강하면 다른 사람과 연결되려는 '공동체 감정'도 생겨나지 않는다. 자신을 있는 그대로 받아들여야만 타인을 이해할 수 있기 때문이다.

한 대학생이 시각장애를 얻게 된 뒤 한동안 장애인 복지센터에 가기를 완강히 거부했다. 자신의 장애를 인정하고 싶지 않았던 것이다.

하지만 어느 순간, 지팡이를 짚고 용기를 내어 복지센터를 찾아갔다. 그날 이후 세상은 조금씩 달라졌다. 친구도 생기고 앞으로 어떻게 살아가야 할지 길이 보이기 시작했다고 한다.

"복지센터에 갈 수 있었던 용기가 어디서 났느냐?"라고 묻자 그는 이렇게 대답했다.

"이대로는 안 되겠다는 절박함 때문이었어요. 이 위기를 넘기지 못하면 자퇴할 수밖에 없겠다는 생각이 들더라고요."

불행을 받아들였기에 그는 새로운 시각으로 세상을 바라볼 수 있었다.

"무엇을 해야 할지 길이 보이기 시작했다"는 말은 삶을 바라보는 관점이 바뀌었다는 뜻이다.

우리는 누구나 자기 삶의 '원점'을 마주하는 순간이 있다. 그 원점에서 다시 시작할 수 있을 때 비로소 있는 그대로의 자신을 받아들이게 된다.

불행을 받아들이는 것은 진정한 삶의 목적을 찾는 것과 같다. 아무리 노력해도 삶의 방향이 보이지 않는다면, 가장 먼저 해야 할 일은 자신의 과거를 되돌아보고 솔직하게 마주하는 것이다.

행복은 인생이
숨 고르는 순간 찾아온다

불행을 받아들이지 못하는 사람들은 자신의 나약함도 받아들이지 못하는 경우가 많다.[57]

그들은 자신이 얼마나 나약한지를 누구보다 잘 알고 있기에 나약한 자신을 받아들이지 못한다. 더구나 타인 또한 나약한 자신을 받아들여 주지 않을 거라고 생각한다. 사람에 대한 불신이 마음속 깊이 자리 잡고 있기 때문이다.

따라서 나약함은 공포감으로 이어진다. 힘들 때 아무도 진심으로 자신을 도와주지 않을 거라고 믿는 것이다.

부모의 보살핌을 받으면서 안정감을 느끼며 자란 사람과 어떤 어려움도 혼자 감당해야 했던 사람의 차이는 크다. 단순한 성격이 아니라 인생을 대하는 태도 자체가 달라진다.

성장기에 부모의 보호를 받지 못한 사람은 결국 자신을 지켜줄 힘을 기르기 위해 고군분투한다. 하지만 사회적 성공을 이룬다 해도 나약한 자아는 변하지 않는다.

결국 '내면의 힘'은 파괴되어 있다. 성공을 이루는 동안 오히려 '내면의 힘'은 점점 더 무너지고 있다는 사실조차 모른다.

진짜 강인한 사람은 자신의 나약함을 받아들인 사람이다. 그리고 자신의 약점이 드러나도 침착할 수 있는 사람이다. 그들은 고통을 견뎌낼 줄 알고, 자신의 약점을 보여도 괜찮은 사람과 함께한다.

데이비드 시버리는 "나약함을 받아들이면 실수가 적어진다. 오히려 완벽해지려고 발버둥을 칠수록 더 실수하게 된다. 완벽해야 한다는 기준은 언제나 재앙의 씨앗이 된다"라고 말했다.

강인함이란 결함 없는 완벽함이 아니라 결함을 인정하는 데서 비롯된다. 자신의 나약함을 받아들이는 사람만이 진정한 의미에서 단단한 내면을 갖출 수 있다.

살아 있기에 흔들리는 것

인생에는 운이 따르는 순간도 있지만 뜻대로 되지 않는 불운의 시기도 있다. 그러니 불행한 순간이 찾아왔을 땐 조급해하지 말고, '지금은 그런 시기일 뿐'이라며 담담하게 받아들이는 연습을 하자. 그리고 조용히 자신의 때를 기다릴 줄 알아야 한다.

불행한 시기에는 행복해 보이는 다른 사람과 자신을 비교하지 마라. 그것은 괴로움을 몇 배로 키울 뿐이다.

자신의 운명을 온전히 받아들이는 사람은 지옥 같던 시절을 밑바탕 삼아 성장하고 결국 단단한 사람이 된다.

불행을 받아들여라. 그러면 지금 살아 있다는 것만으로도 감사한 마음이 생긴다.

불행을 받아들일 줄 아는 사람은, 원하는 대로 일이 풀리지 않을 때 '세상일이 내 뜻대로만 흘러갈 수는 없지' 하고 스스로를 다독인다. 인생의 의미를 막연한 말이 아닌 실제 삶 속에서 체감하고 깨닫는다.

그 깨달음은 빅터 프랭클의 말처럼, 인간이 취할 수 있는 가장 고귀한 태도이기도 하다. 그것을 이해하지 못한 채 살아간다면, 불행은 언제나 그 사람의 삶을 붙잡고 늘어질 것이다.

그러나 불행을 온전히 받아들이는 순간, 삶의 진정한 목적이 눈에 들어오기 시작한다. 그 목적을 따라 걷다 보면 행복의 열쇠가 자신의 손에 쥐어질 것이다.

맺음말

 조금만 아파도 지나치게 힘들어하는 사람들이 있다. 하지만 그 고통은 과거에서 벗어나기 위해 피할 수 없는 통과의례일지도 모른다.

 지금 느끼는 괴로움은 각자에게 주어진 삶의 과제를 해결해 나가기 위한 과정이다. 그리고 그 과제를 마주하는 일 자체가 인생의 첫 번째 의미다. 고통 없이는 결코 인생의 의미를 온전히 깨달을 수 없다.

 어린 시절의 경험은 곧 그 사람의 운명이다. 고유한 자아가 형성되어 가는 중요한 과정으로 삶 전체에 아주 큰 영향을 미친다. 따라서 어린 시절에 주어진 운명을 어떻게 받아들이느냐에 따라 고유한 자아를 형성하며 다음 단계로 나아갈 준비를 하게 된다.

대부분의 사람들이 괴로움 속에서 나름대로 애쓰며 살아간다. 의도하지 않았지만 누군가에게 상처를 입히기도 하고, 자신 또한 상처를 입으면서도 최선을 다해 살아간다.

'열심히, 성실하게 살아왔는데 왜 이런 일을 겪어야 하지?' 하는 분노가 치밀 때도 있다. 하지만 그런 생각을 할수록 고통은 더 깊어진다.

우울하거나 마음이 복잡하고 도저히 견딜 수 없을 때는, 자신은 지금 마음의 빚을 갚는 중이라고 생각하자. 우울한 마음은 자아실현을 이루며 살아오지 못한 지난날의 계산서다.

그 빚은 억지로 털어내거나, 감추거나, 피한다고 해서 사라지지 않는다. 오히려 받아들일 때 비로소 갚기 시작하는 것이다.

우울할 때 억지로 활기를 되찾으려 하거나 자신을 탓해봐야 오히려 더 우울해질 뿐이다. 우울한 마음에서 벗어나려고 애쓰면 오히려 더 괴로워질 뿐이다.

우울할 때는 지금은 회복을 위한 시기라 생각하고 우울함에 몸을 맡겨라. 지금은 쉬면서 에너지를 모을 때다.

지금 우울한 이유는 과거 자신이 그러한 방식으로 살아왔기 때문이다. 그것을 인정하고 반성해야 한다. 하지만 자신을 책망해서는 안 된다.

자아실현을 이루며 살지 못한 데에는 그만한 이유가 있다. 모든 것이 그 사람의 책임은 아니다. 단지 그러한 자질을 갖고 태어나 그러한 환경에서 자라났기 때문이다.

왜 나만 사는 게 괴로운 걸까, 하는 생각이 들 때가 있다. 괴롭고 힘들 때는 내 운명을 살아가고 있을 뿐이라고 담담히 받아들이자. 지금 느끼는 괴로움이 언젠가 나를 강인한 사람으로 만들어줄 것이다.

현실을 있는 그대로 받아들이자.

그리고 자신을 탓하지 말자.

자신을 탓하면 앞으로 나아갈 수 없다.

남을 탓하면 행복해질 수 없다.

나약하게 태어났지만 강인하게 살아갈 수 있다.

그것이야말로 가장 현명한 삶이다.

가토 다이조

주

1 Frieda Fromm-Reichmann, The Principles of Intensive Psychotherapy, The University of Chicago Press, 1950, p.65
2 Henry Dreher, The Immune Power Personality: 7Traits You Can Develop to Stay Healthy, Dutton, 1995, p.50
3 위의 책, p.50
4 위의 책, p.51
5 Stress, Coping, and Health in Families. Editors, Hamilton I. McCubbin, Elizabeth A. Thompson, Anne L. Thompson, Julie E. Fromer, Sage Publishers, Inc. 1994
6 위의 책, p.93
7 David Seabury, How to Worry Successfully, Blue Ribbon Books: New York, 1936, p.152(한국어판《어제까지의 나, 오늘부터의 나》)
8 Muriel James, Dorothy Jongeward, BORN TO WIN, ADDISON-WESELEY PUBLISHING COMPANY, 1985, p.7(한국어판《아이는 성공하기 위해 태어난다》)
9 David Seabury, Stop Being Afraid, Science of Mind Publications, Los Angeles, 1965, p.37~38
10 Ursula Goldmann-Posch, Tagesbuch einer Depression, 1988, p.2
11 Albert Ellis, Ph.d., How to Stubbornly Refuse to Make yourself Miserable about Anything, 1996, p.19
12 사이토 시게타(斎藤茂太),《조증과 우울—파동에 살아가기(躁と鬱—波動に生きる)》, 中公新書 580, 1980, p.76
13 EQ, Daniel Goleman, Emotional Intelligence, Bantam Books, 1995, p.202(한국어판《EQ 감성지능》)

14 위의 책, p.203
15 Erich Fromm, Escape from Freedom, Avon, 1965, p.166~167(한국어판《자유로부터의 도피》)
16 Dan Kiley, The Peter Pan Syndrome, A Corgie Books, 1984, p.16
17 Erich Fromm, Escape from Freedom, Avon, 1965, p.183(한국어판《자유로부터의 도피》)
18 Rollo May, Man's Search For Himself 1970, p.138(한국어판《자아를 잃어버린 현대인》)
19 Erich Fromm, The Art of Loving, Harper & Publishers, Inc. 1956, p.130(한국어판《사랑의 기술》)
20 John Bowlby, Separation, Volume2, Basicbooks, A Subsidiary of Perseus Books, L. L. C.,1973, p.230
21 Norman E. Rosenthal, M. D., The Emotional Revolution, CITADEL PRESS, Kensington Publishing Corp. 2002, March. p.100
22 가사하라 요미시(笠原嘉) 편,《조울증의 정신병리1(躁うつ病の精神病理1)》, 기무라 빈(木村敏) 저,〈'우울성 자폐'에 관하여(いわゆる'鬱病性自閉'をめぐって)〉, 弘文堂, 1976
23 Martin Seligman, Helplessness, W.H. Freeman and Company, 1975 p.142
24 위의 책, p.142
25 EQ, Daniel Goleman, Emotional Intelligence, Bantam Books, 1995, p.204(한국어판《EQ 감성지능》)
26 Wolfgang Blankenburg, Der Verlust Der Natürlichen Selbstverstandlichkeit, 1971, p.77
27 Martin Seligman, Helplessness, W. H. Freeman and Company, 1975, p.142
28 위의 책, p.136
29 위의 책, p.140
30 Viktor Frankl, Pathology of the Zeitgeist, 1961, p.14~15
31 위의 책, p.55

32 위의 책, p.72
33 John Bowlby, Separation, Volume2, Basicbooks, A Subsidiary of Perseus Books, L. L. C., 1973, p.6
34 위의 책, p.5
35 위의 책, p.9
36 위의 책, p.9
37 위의 책, p.10
38 위의 책, p.8
39 위의 책, p.14
40 위의 책, p.14
41 위의 책, p.16~17
42 위의 책, p.28~29
43 위의 책, p.29
44 위의 책, p.29
45 위의 책, p.222
46 위의 책, p.222
47 위의 책, p.233
48 Muriel James, Dorothy Jongeward, BORN TO WIN, ADDISON-WESELEY PUBLISHING COMPANY, 1978, p.39(한국어판 《아이는 성공하기 위해 태어난다》)
49 David Seabury, Stop Being Afraid, Science of Mind Publications, Los Angeles, 1965, p.129~130
50 위의 책, p.150
51 Stephen R Covey, The 7 Habits of Highly effective People, A Fireside Book, 1989, 1990
52 David Seabury, How to Worry Successfully, Blue Ribbon Books: New York, 1936, p.90~91
53 George Wharton James, The Indian's Secrets of Health or What the White Race

May Learn From The Indian, J. F. Tapley Co. New York, 1908, p.68
54 Karen Horney, Neurosis and Human Growth, W. W. NORTON & COMPANY, 1950, p.21(한국어판《내가 나를 치유한다》)
55 Michel Argyle, The Psychology of Happiness, Methuen & Co. LTD London & New York, 1987, p.124
56 David Riesman, Abundance for what?, Doubleday Book Club, 1964
57 Karen Horney, The Neurotic Personality of Our Time, W. W. NORTON & COMPANY, 1964, p.166(한국어판《우리 시대는 신경증일까?》)

흔들려야 무너지지 않는다

초판 1쇄 인쇄 2025년 8월 20일
초판 1쇄 발행 2025년 8월 25일

지은이 가토 다이조
옮긴이 이구름
편집 이원주
디자인 이다오
마케팅 신용천
물류 책글터
펴낸곳 밀리언서재
등록 2020. 3. 10 제2020-000064호
주소 서울시 마포구 동교로 75
전화 02-332-3130
팩스 0502-313-6757
전자우편 million0313@naver.com
블로그 https://blog.naver.com/millionbook03
인스타그램 https://www.instagram.com/millionpublisher_/
ISBN 979-11-993153-3-4 03190
정가 18,500원

• 저작권법에 의해 보호를 받는 저작물이므로 무단 전재와 복제를 금합니다.